개정판 **처음 만나는
중국어캘리그라피**

선 긋기부터 장문까지
8주 붓펜 과정

처음 만나는 중국어캘리그라피 (개정판)

선 긋기부터 장문까지
8주 붓펜 과정

발 행 | 2022년 10월 4일
저 자 | 엘리(전보람)
디자인 | 엘리
펴낸이 | 한건희
펴낸곳 | 주식회사 부크크
출판사등록 | 2014.07.15(제2014-16호)
주 소 | 서울특별시 금천구 가산디지털1로 119 SK트윈타워 A동 305호
전 화 | 1670-8316
이메일 | info@bookk.co.kr

ISBN | 979-11-372-9675-6

www.bookk.co.kr

개정판

선긋기부터 장문까지   ∞자 파헤 과정

처음만나는 중국어 캘리그라피

엘리 지음

BOOKK

차례

1주   선 긋기 연습

2주   글씨체 연습

3주 한 글자 단어 연습

4주 두 글자 단어 연습

7주

장문 연습

8주

소품 만들기   208

프롤로그

좋은 중국어 글귀에
내 마음까지 담아 전달할 수 있다면
어떨까요?

중국어캘리그라피를 어떻게 시작하게 됐나요?

제가 처음 중국어캘리그라피를 하려고 마음먹은 건 2011년도였어요. 그 당시 대학원 3학기를 시작하기 전 겨울 방학을 보내고 있었는데 꿈이 사라지니 제 자신이 뜬 구름같이 느껴졌고, 뭘 해야 할까 고민됐죠. 그러던 중 얼핏 캘리그라피라는 걸 알게 되었어요. 아마 캘리그라피 열풍이 거세게 불었나봐요. 그러니까 중국어만 하던 제 귀에도 들려왔겠죠. 꽤 흥미로웠어요. 서예를 배우고 있었고 중국어 전공이니 문득 중국어에 캘리그라피를 접목하면 좋겠다라는 생각이 들었죠. 그때 처음 중국어 캘리그라피를 만들어야겠다고 마음먹었어요. '외국인을 위한 한국어 교육'이라도 듣고 중국인에게 한국어를 가르치겠다는 꿈이 '중국어캘리그라퍼'로 새롭게 바뀌는 순간이었죠.

하지만 바로 실현하진 못 했어요. 매주 과제에 치였고, 일단 겨울 방학 동안 하기로 한 '외국인을 위한 한국어 교육'을 들어야 했기 때문이죠. 2011년 대학원 수료를 하고 몸이 안 좋아 병원 치료를 하며 2015년이 됩니다.

돌이켜보면 참 이상하죠? 몸이 좋아진 후 바로 캘리그라피 수업을 들었으면 좋았을 텐데 영상 번역을 배웠어요. 평소 번역에 대한 갈망이 있어서 영상 번역 수업 모집 공지를 보자마자 바로 결제를 했던 기억이 나요. 하지만 후회하지 않아요. 영상 번역을 배우며 좋은 선생님과 언니를 알게 됐거든요. 선생님과 제자라는 인연에서 출판사 대표님과 캘리그라퍼로 이어졌고, 영상 번역가 동료에서 서로의 꿈을 지지하는 인연이 되었으니까요. 석사 졸업 논문과 TA조교를 하며 영상 번역을 배우느라 힘들었지만, 그들로 인해 중국어캘리그라피에 대한 마음을 확고히 굳히게 되었으니 절대 버릴 수 없는 시간들이었다고 생각돼요.

2015년 하반기에 석사 졸업을 한 뒤 바로 캘리그라피를 배웠어요. 그동안 마음 속에 간직해왔던 중국어캘리그라피를 만들며 중국 포스터 글씨를 바꾸고 사진에 중국어캘리그라피를 넣었어요. 그 시간들이 너무 즐거웠어요. 그 때까진 영상 번역과 중국어캘리그라퍼로의 투잡을 원했지만 갑자기 귀가 안 들리면서 영상 번역은 접어야 했죠. 그 무렵 정말 감사하게도 한 영상 제작사에서 영상에 넣을 중국어캘리그라피 의뢰가 왔지만 건강상의 이유로 작업이 불가했어요. 지금 생각해보면 준비가 덜 됐을 때 너무 빨리 기회가 왔던 것 같아요. 인공와우 수술 후 재활의 시간을 보낸 뒤 2017년 하반기에 글씨와 접목할 수 있는 스탬프 아트와 믹스미디어를 배웠어요. 그리고 차근차근 중국어캘리그라피 커리큘럼을 연구했죠.

2019년 4월 드디어 중국어캘리그라피를 세상에 내놓게 되었어요. 혼자서 이리저리 고민하고 만들면서 부족함을 많이 느꼈지만 완벽해지는 때는 없다고 생각해요. '수강생들을 만나며 조금씩 보완할 수 있겠다'라는 마음에 소소히 원데이 클래스 공지를 올렸습니다. 블로그에 중국어캘리그라피에 대한 소개와 수업 공지 글을 쓴 뒤 몇 번을 다시 읽어봤는지 몰라요. 등록 버튼을 누르기 두려웠어요. 맨땅에 헤딩하다시피 최선을 다해 만들었지만 지금 세상에 나가도 되는지, 어떤 시선들이 쏟아질지 예측할 수 없었기 때문이죠. 그렇게 한참 머뭇거린 뒤에 떨리는 손으로 등록 버튼을 눌렀어요. 드디어 중국어캘리그라피 수업이 세상을 향한 첫 발을 내딛게 된 거죠. 별 기대는 없었어요. 중국어가 가지는 한정성과 평소에 제가 중국어캘리그라피를 한다고 했을 때 사람들의 시선들을 잘 알고 있었거든요. 그런데 곧 놀라운 일이 벌어졌어요.

제 블로그 글을 리포스팅한 J 언니를 통해 L 중국 서점에서 중국어캘리그라피 수업을 제안하셨어요. 이제 막 첫 발을 디딘 중국어캘리그라피가 수면 위로 올라오는 첫 번째 신호탄이었지요. 그렇게 중국 서점에서 첫 원데이 클래스 모집을 시작했어요. 첫 수업 모집에 너무 많은 호응을 해주셔서 기뻤지만 마음 한켠엔 '많은 분들에게 보여져도 되는 걸까' 라는 두려움도 생겼죠. 그러나 수업 당일엔 그런 마음은 곱게 접어두고 강의에 최선을 다했어요. 그 뒤로도 꾸준히 많은 분들과 수업을 진행할 수 있었죠. 돌이켜보면 많은 분들의 사랑 덕에 4년이 지난 지금까지도 중국어캘리그라피를 할 수 있는 것 같아요. 그동안 제 수업에 함께 해주셨던 수많은 수강생 분들을 통해 하나 하나 보완되고 수정되면서 발전된 모습을 보여드릴 수 있어서 다행이라고 생각합니다.

캘리그라피가 가진 힘을 아나요?

우리는 글씨를 보며 애틋하거나 귀엽거나 강렬하다는 등의 다양한 감정을 느껴요. '캘리그라피'라는 이름을 붙이는 순간 더 이상 단순한 글씨가 아니에요. 글씨 하나에 한 사람의 가치관이 드러나기도 하고, 드라마나 영화의 내용을 포괄하기도 하며 가게의 아이덴티티가 고스란히 담겨있죠.

요즘은 SNS 전성시대예요. 개인의 일상을 담거나 홍보하는 용도로 사용하기도 하고, 무명의 예술가가 SNS에 자신의 작품을 올려 유명세를 타기도 해요. 출판사나 책방에서는 책의 좋은 글귀들을 올리기도 하죠. 요즘은 쉽게 좋은 글귀를 찾을 수 있게 되어 좋아요. 저는 캘리그라피를 하기 전에도 마음에 와 닿는 글귀를 발견하면 옮겨 적었고, 캘리그라피를 접하고 나서는 더 열심히 적었어요. 좋은 글귀들을 제 글씨로 옮기고 싶기 때문이었죠.

한 번쯤 그런 생각을 해보진 않으셨나요?

'이 좋은 중국어 글귀를 내 글씨로 옮기고 싶다'

물론 손글씨로 옮겨적어도 돼요. 그렇지만 캘리그라피는 손글씨보다 더 큰 힘을 가지고 있어요. 좋은 중국어 글귀를 중국어캘리그라피로 옮겨적는다면 글씨로 옮기는 것에 그치지 않고 글귀의 감정까지 고스란히 옮길 수 있어요. 이 부분이 바로 '캘리그라피'가 가진 힘입니다. 좋은 중국어 글귀를 중국어캘리그라피로 적어 보여준다면 상대방은 글귀로 한 번, 글씨로 한 번 내용을 온전히 느낄 수 있을 거예요. '캘리그라피'가 가진 힘을 믿어보세요.

중국어캘리그라피 무작정 따라 쓰기

중국어캘리그라피를 어디서부터 시작해야할지 막막한가요? 모든 사람들이 글씨를 처음 쓸 땐 두려움이 앞서요. '나는 악필인데 할 수 있을까?' '저 사람은 원래 잘 하니까' 등의 마음으로 겁부터 내죠. 누구에게나 처음은 있어요. 그러니 두려운 마음은 접어둬도 좋아요.

글씨를 쓸 때 가장 좋은 교과서는 남이 쓴 글씨예요. 앞서간 사람이 써 놓은 글씨를 그대로 임서하는 거예요. 이 과정은 참 중요합니다. 일단 첫 시작의 막막한 감정을 덜어주거든요. 따라 쓰면서 익숙해 지면 차츰 나만의 글씨체를 가지게 돼요. '여러분들의 그 여정에 이 책이 함께 하면 좋겠다'라는 마음으로 만들었어요.

선 긋기나 글씨체 따라 쓰기에 대한 문의가 있었지만 선뜻 만들지 못했던 게 사실이에요. 아직 부족하다고 생각했거든요. 하지만 생각을 달리 해보니 중국어캘리그라피를 임서하며 더 많이 즐길 수 있겠더라고요. 그래서 현재 수업 중인 중국어캘리그라피 초급 과정을 고스란히 옮기고 보완하여 책으로 만들었어요.

이 책에 나온 글씨체가 정답은 아니예요. 책 속의 글씨체는 처음 중국어캘리그라피를 배우는 분들에게 임서하도록 만든 글씨체일 뿐이니까요. 저도 이 글씨체들을 그대로 쓰는 경우도 있지만 응용해서 콘셉트에 맞게 쓰고 있고, 수강생분들이나 여러분에게는 자신만의 글씨체를 찾아가도록 유도해요. 그러니 너무 글씨체에 얽매여서 쓰지 않았으면 좋겠어요. 처음엔 무작정 따라 쓰고 조금씩 변화시켜 보세요.

1. 우리는 젊을 때에 배우고 나이가 들어서 이해한다
마리폰 에브너 에셴바흐
我们年轻时学，老了才懂。

2. 태어나면서부터 현명한 이는 없다.
미겔 데 세르반테스
没有人生来就是智者。

3. 인격은 그 사람의 운명이다.
人格就是他的命运。

人格是决定一个人的命运。
헤라클레이토스

4. 인생은 집을 향한 여행이다.
허먼멜빌

글귀를 모아둔 메모장

이 책을 보는 여러분 모두 오늘부터 중국어캘리그라피 1일이에요. 평소에 좋아하는 중국어 가사나 중국 드라마 대사 등을 많이 옮겨 두세요. 중국어캘리그라피를 쓰는데 꼭 필요한 자산입니다. 모아둔 중국어 글귀가 많을수록 통장에 불어나는 돈처럼 든든해요.

언제든 찾아 쓸 수 있는 나만의 중국어 글귀 통장을 만들어 보세요. 그리고 노트 한 권을 마련한 뒤 오늘부터 쓰세요. 노트가 부담스러우면 엽서도 좋아요. 중국어캘리그라피로 쓰인 좋은 글귀가 가득한 노트 또는 앨범을 만들어 보는 거예요. 한 권이 완성되어 갈 즈음 처음 쓴 중국어캘리그라피를 보면 처음보다 훨씬 발전한 게 느껴질 거예요.

중국어캘리 엽서 앨범

SNS 활용도 추천합니다. 혼자서 하다 보면 어느 순간 지쳐요. 그러니 SNS에 '나 이제 중국어캘리그라피 쓰기 시작합니다.'라고 알리는 거죠. 불특정 다수의 사람들이 내 중국어캘리그라피를 보고 응원의 댓글을 남긴다면 그것만큼 힘이 되는 약은 없을 거예요. 그런 사소한 것에 힘내서 꾸준히 하게 되는 거죠. 우리 같이 오늘부터 중국어캘리그라피 1일 어때요?

책 설명서

연습할
내용 설명

도구 및 사용 방법

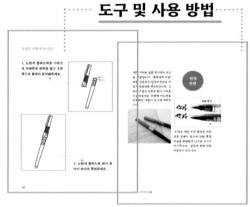

유의사항

**쓰는
방법**

**따라
쓰기**

**소품
활용법**

캘리그라피란?

아름다운 서체를 의미하는 'calli'와 글씨를 쓰는 방식인 'graphy'의 합성어로 그리스어에서 유래했고, 아름답고 개성 있는 서체를 말해요. 영어로 서예를 뜻하죠.

하지만 일반적으로 알고 있는 캘리그라피는 서예를 뜻하는 캘리그라피와 조금 달라요. 캘리그라피는 문장이나 단어가 가진 의미를 글씨로 최대한 표현하는 것이에요. 즉 글자에 감정을 담아 표정있게 쓰는 것을 말하죠. 따라서 위에서 얘기하는 영문캘리그라피에서의 '캘리그라피'와 흔히 말하는 '캘리그라피'의 의미가 다르다는 걸 유념해주세요.

**영문 캘리그라피
= 서예**

한글, 한문 서예와 같음
이탤릭 등 정해진 서체

**캘리그라피
= 서예+디자인**

글씨에 감정을 담아서 씀
사람마다 서체가 다양함

캘리그라피의 구성은 굵기, 크기, 길이, 기울기예요.

굵기 **굵기 굵기**

크기 크기 크기

길이 길이 길이

기울기 기울기 기울기

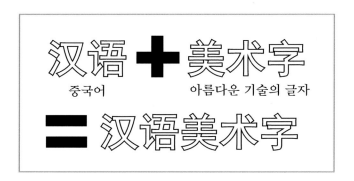

중국어 캘리그라피는 중국어로 '汉语美术字'라고 합니다. 단어를 풀면 '汉语'는 '중국어', '美术字'는 '아름다운 기술의 글자'라는 의미죠. 처음 중국어캘리그라피를 만들면서 가장 고민한 건 '중국어 캘리그라피를 중국어로 뭐라고 부르면 좋을까'였어요. 서예는 중국어로 '书法'예요. 그러나 서예와 캘리그라피는 다르기 때문에 그 용어를 그대로 사용하는 것은 맞지 않다고 판단했어요. 고민하고 다양하게 살펴본 결과 '汉语美术字'가 위에서 설명드린 캘리그라피 의미와 제가 전달하고자 하는 중국어캘리그라피에 잘 부합하는 단어였어요. 그래서 '汉语美术字'로 결정했죠. 현재 한 중국 SNS 상에선 '中文calligraphy'라고 쓰이기도 하지만 의미적으로 봤을 때나 온전한 중국어로 전환하자면 '汉语美术字'가 가장 적합하다고 생각돼요.

중국어캘리그라피 역시 캘리그라피처럼 중국어 문장이나 단어가 담고 있는 의미를 글씨로 표현하며, 글씨에 표정이 있고 감정이 있어야 합니다. '프롤로그'에서 말씀드렸던 대로 본래의 글이나 단어가 가진 느낌을 고스란히 중국어캘리그라피로 옮기는 것이지요. 보는 사람으로 하여금 단어나 글이 가진 감정까지 느끼게 할 수 있어야 한다는 걸 잊지 마세요.

중국어캘리그라피에 대해 조금 이해가 되셨나요?

이제 중국어캘리그라피 쓰는 방법을 설명드리려고 해요. 본 책에 담긴 것 외에 더 많은 방법들이 있어요. 그러나 본 책은 중국어캘리그라피 초급 과정에 해당하는 내용을 다루고 있기 때문에 그에 상응하는 방법들만 나열했어요.

그럼 이제 본격적으로 중국어캘리그라피 쓰는 방법을 알아볼까요?

1. 똑같은 글자가 반복되면 변형해서 쓰기

중국어는 수식을 할 때 '的'를 써요. 장문일수록 '的'가 많이 쓰이는데 여러 번 반복될 경우 똑같은 모양으로 쓰면 지루해요. 통일된 글씨체는 변경하지 않은 채 글자의 공간을 활용해 조금씩 변형시켜서 쓰는 것이 좋아요. 이렇게 쓰면 좀 더 다채로운 글씨가 됩니다.

A~E는 내부 공간(안쪽 흰 공간)과 점의 모양 등을 변경하여 썼습니다. 빨간 동그라미 부분들의 흰 공간이나 길이 굵기 등이 어떻게 다른지 살펴보세요.

2. 한자 '口'는 변형이 다채로운 글자 중 하나

한자 '口'는 변형하기 좋은 글자입니다. 한 문장 안에 口가 겹칠 경우 굵기나 크기 획의 길이 등을 다양하게 변형해서 쓰는 것이 좋아요.

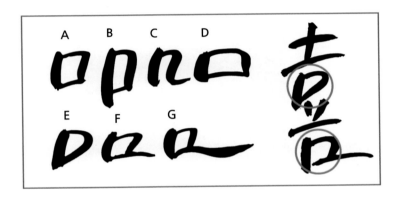

A는 네모 형태로 썼고 B는 왼쪽 획을 길게 썼습니다. C는 한글 'ㅁ'을 흘려 쓰 듯 입구를 벌려서 썼으며 D는 넓적하게 썼습니다. E는 영어 'D'처럼 썼고 F는 마지막 가로획을 길게 뺐습니다. G는 F와 비슷하나 파임을 가로로 눕힌 모양으로 썼습니다. 이는 한자 서체 중 에서 쓰는 방식을 차용한 것입니다. 이 외에 더 다양한 모습으로 자유롭게 변경 가능합니다. 예시를 보며 다양하게 변경해 보세요.

3. 조립하기

테트리스 좋아하시나요? 아마 한 번쯤은 해보셨겠죠. 중국어캘리그라피를 쓸 때 단어와 단어 사이를 테트리스처럼 조립해서 씁니다. A와 B의 빨간 동그라미 위치를 비교해 보세요. B처럼 씁니다.

중국어는 띄어 쓰기가 없기 때문에 위 아래를 간격 없이 조립할 경우 가독성이 떨어집니다. A와 B를 보시면 A는 B에 비해 가독성이 떨어지죠. 그래서 B처럼 약간의 틈을 두고 조립합니다. 중국어캘리그라피는 위아래에 약간의 틈을 둬야한다는 것을 꼭 기억하세요.

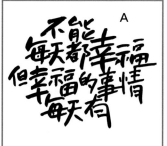

4. 리듬감 있게 쓰기

중국어캘리그라피는 서예처럼 글자와 글자의 위 아래 줄을 맞춰 쓰지 않습니다. 한 줄로 쓸 경우 양 옆 글자의 위 아래를 딱 맞춰서 쓰면 감흥도 없어요. 따라서 가운데 중심을 맞춰 쓰거나 아래쪽 위쪽을 맞춰서 쓰게 됩니다.

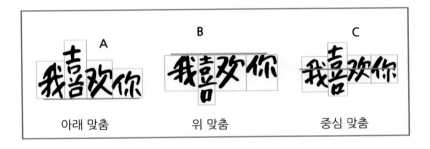

A는 아래를 맞춰서 쓴 경우고 B는 위를 맞춰서 쓴 경우입니다. C는 가운데 중심을 맞춰 쓴 경우로 리듬감이 느껴지는 C를 많이 쓰는 편입니다.

5. 강조하고 싶은 글자를 크거나 굵게

강조하고 싶은 단어를 크게 써서 강조할 수 있습니다. 하나를 크게 강조해도 되지만 두 번째로 크게 강조하고 싶은 것을 강조할 수도 있습니다. 이 때 강조한 글자와 강조하지 않은 글자의 크기가 너무 차이나지 않게 쓰는 것이 좋습니다.

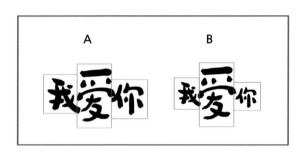

A는 '爱'와 '我', '你'의 크기를 적당히 비례해 썼고 B는 '我'와 '你'의 크기를 상대적으로 작게 썼습니다. B처럼 쓰면 두 글자가 이질감이 느껴지므로 A처럼 쓰는 것이 좋습니다.

강조점은 사람마다 다를 수 있습니다. 정답이 정해져 있지 않으니 문장을 보고 내가 강조하고 싶은 것을 강조해서 크거나 굵게 쓰면 됩니다.

6. 필압 조절을 하면서 굵고 가는 획이 조화롭게

필압 조절이란 굵고 가늘기 조절을 말합니다. 붓 면을 활용해서 굵게 쓸 수도 있고 붓 끝으로 가늘게 쓸 수도 있습니다.

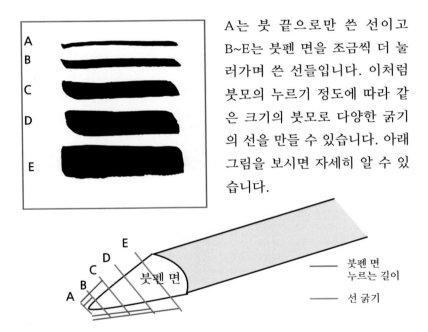

A는 붓 끝으로만 쓴 선이고 B~E는 붓펜 면을 조금씩 더 눌러가며 쓴 선들입니다. 이처럼 붓모의 누르기 정도에 따라 같은 크기의 붓모로 다양한 굵기의 선을 만들 수 있습니다. 아래 그림을 보시면 자세히 알 수 있습니다.

중국어캘리그라피 단계가 올라 콘셉트를 잡아서 쓸 때는 콘셉트에 따라 가늘게만 쓰거나 굵게만 쓰기도 하지만 여기서는 필압 조절을 해서 쓰는 법을 배우게 됩니다. 필압 조절은 선 긋기에서 연습하게 되니 선 긋기에서 잘 익혀두시기 바랍니다.

7. 전서체 활용

한자 서예 서체 중에 전서체라는 글씨체가 있습니다. 소전(小篆)과 대전(大篆)을 합쳐서 말하는 것으로 대전은 갑골문이나 금문 등 진시황 이전의 글씨를 가리키며, 진나라 때 진시황이 대전을 정리하여 만든 글씨체는 소전입니다. 전서체를 활용해서 중국어캘리그라피를 쓸 수 있습니다. 아래는 '想'을 소전으로 쓴 예시입니다.

제가 제일 좋아하는 글씨체이기도 하고 디자인적으로 좋아요. 특히 로고를 만들 때 유용해서 중국어캘리그라피에 자주 활용하여 쓰고 있습니다. 로고가 아닌 문장에 적용할 경우 너무 긴 장문보다는 짧은 단문이나 짧은 장문에 어울립니다.

8. 번체자를 같이 알면 도움이 됩니다.

중국어캘리그라피는 기본적으로 간체자로 씁니다. 중국에서는 기존 한자를 간화하여 쓴 글자를 간체자라고 부르고 우리가 정자체라고 부르는 글자를 복잡한 글자라는 의미로 번체자(繁体字)라고 부릅니다.

한자는 표의 문자라 중국어캘리그라피를 하기 좋은 글자입니다. 특히 육서(六書) 중에 회의(會議)문자는 더욱 그렇다고 할 수 있습니다. 간체자에는 번체자의 의미가 소실된 경우가 많아 해당 번체자를 같이 알고 있으면 좀 더 풍부한 표현이 가능합니다.

지금까지 중국어캘리그라피 쓰는 방법에 대해 알아봤습니다. 벌써부터 머리가 지끈거리신다고요? 하지만 벌써 좌절하시면 안 돼요. 지금은 '아 이렇게 쓰는구나' 하며 한 번 훑으며 지나가면 됩니다. 절대 외우려고 하지 마세요. 중국어캘리그라피를 쓰는데 필요한 것을 이론으로 풀어 복잡해진 것뿐이에요. 앞에서 언급한 부분들은 7주 동안 글씨체와 단문과 장문을 연습하면서 저절로 습득될 것이니 벌써 책을 덮는 분이 없었으면 좋겠어요. 천천히 차근차근 잘 따라와 주신다면 8주 뒤엔 원하는 중국어 글귀를 중국어캘리그라피로 쓰실 수 있다고 자부합니다.

그럼 이제부터는 중국어캘리그라피를 쓰기 위한 도구 중 붓펜에 대해 알아볼게요. 중국어캘리그라피는 붓펜 외 다양한 도구로 쓸 수 있어요. 나무젓가락이나 립스틱, 면봉 등 본래 글씨를 쓰기 위한 목적이 아닌 도구들과 붓, 연필 등 글씨를 쓰기 위한 도구로 나온 것들 모두 중국어캘리그라피를 쓰는 좋은 도구가 됩니다. 그러나 본 책은 붓펜으로 쓰는 중국어캘리그라피를 기본으로 하기 때문에 붓펜에 대해서만 다룰 거예요.

그럼 이제 붓펜의 종류에 대해서 알아보고 붓펜 사용법 및 글씨를 쓰는 자세에 대해서 알아볼까요?

붓펜의 종류는 셀 수 없을 정도로 많아요. 다양한 종류의 붓펜들이 빠른 시간 안에 쏟아지고 있기 때문이죠. 여기서는 가장 보편적으로 많이 쓰는 붓펜을 나열하고 설명드립니다.

쿠레타케 붓펜

'쿠레타케'라는 일본 회사에서 나오는 붓펜입니다. 인조모로 만들어졌으나 실제 붓과 흡사해요. 붓모가 탄력이 있어 초보자들도 쉽게 다룰 수 있기 때문에 캘리그라피 입문용으로 많이 쓰이는 붓펜입니다. 눌러서 잉크를 짜는 방식이며 잉크를 다 쓰면 리필을 교환할 수 있어요. 주로 22호를 씁니다. 색은 검정색 외에 은색이나 금색, 주색 등도 있습니다.

쿠테타케 붓펜은 '브러쉬펜'과 '中'자 붓펜이 있습니다. '브러쉬펜'이 쓰여진 붓펜은 비닐 포장으로 되어 있으며 '中'자가 쓰여진 붓펜은 초록 포장이 되어 있습니다. 두 개의 붓펜을 비교해 본 결과 쓰는 데 큰 차이가 없습니다.

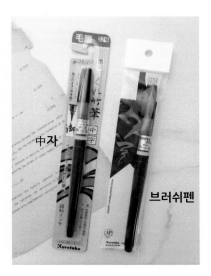

中자

브러쉬펜

中자

브러쉬펜

새 것을 뜯어 붓모를 비교해봤을 때 '브러쉬펜'은 하얀색이고 '中'자는 은빛이 났습니다.

'브러쉬펜'은 '中'자 붓펜에 비해 상대적으로 저렴해서 붓펜이 금방 망가질 우려가 있는 초보자분들에겐 '브러쉬펜'을 추천드립니다.

'펜텔'이라는 일본 회사에서 나오는 붓펜입니다. '쿠레타케 붓펜'처럼 인조모로 만들어졌으나 붓모가 낭창낭창 부드럽습니다. 붓펜을 컨트롤 하기 어려운 초보자보다는 붓펜에 어느정도 익숙해진 사람이 쓰기에 적합합니다.

펜텔
붓펜

파란 뚜껑

太

'太'라고 써진 초록 뚜껑을 가진 굵은 붓펜이 있으며 파란 뚜껑 붓펜은 쿠레타케 22호와 굵기가 비슷합니다. 검정색 외에 컬러 붓펜들이 있습니다.

제노 붓펜

모(毛)가 아닌 스펀지로 된 붓펜이지만 간단한 필압 조절도 가능합니다. 크기는 대, 중, 소가 있고 컬러 붓펜도 있습니다. 소는 '细'라고 쓰여 있으며 컬러 붓펜 굵기는 중 사이즈와 비슷합니다.

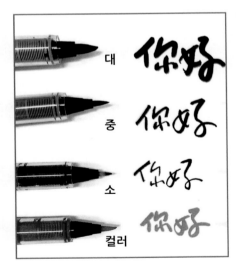

대
중
소
컬러

마트나 다이소에서 쉽게 구할 수 있습니다. 모로 된 붓펜이 어렵다면 제노 붓펜으로 좀 더 쉽게 중국어캘리그라피를 즐길 수 있습니다.

'모나미 붓펜'은 네 종류를 소개드립니다.

1. 컬러 트윈 브러쉬

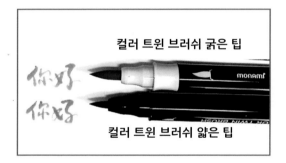

컬러 트윈 브러쉬 굵은 팁

컬러 트윈 브러쉬 얇은 팁

스펀지로 이루어졌고 앞 뒤에 굵은 촉과 가는 촉이 있습니다. '모나미 붓펜'보다 부드러워서 중국어캘리그라피 하기에 적합해 추천드립니다.

2. 모나미 붓펜과
   모나미 드로잉 붓펜

모나미 붓펜은 필압 조절도 잘 되고 파임 획을 쓰는 데도 문제가 없습니다. 그래서 중국어캘리그라피를 연습하는 용도라면 모나미 드로잉 붓펜보다 모나미 붓펜을 추천드립니다.

모나미 드로잉 붓펜은 아마 많이 접해보셨을 것 같습니다. '제노 붓펜'처럼 스펀지로 되어있으며 저렴해서 많이 이용하는 붓펜입니다. 그러나 중국어캘리그라피를 할 때는 적합하지 않습니다. 파임을 하게 될 경우 누르기를 해야 하는데 누르면 휘어지기 때문입니다. 그렇지만 다른 획들을 쓰기엔 괜찮기 때문에 사용하셔도 무방합니다.

3. 컬러 리얼 브러쉬

'쿠레타케 붓펜' 처럼 모로 이루어진 붓펜입니다. 36가지 컬러로 구성되어 있으며 필압 조절이 가능하고 리필을 교환할 수도 있습니다. 잉크가 나오는 방식도 '쿠레타케'나 '펜텔'처럼 눌러서 나오는 방식입니다.

붓모는 '펜텔'처럼 낭창해서 붓펜에 익숙한 분들에게 적합합니다. 국산품이어서 좋으나 쓰다가 잉크가 왈칵 쏟아지는 경우가 있어 조심해야 합니다.

아카시아 붓펜

수채 붓펜으로 물에 살짝 풀어서 쓰거나 워터브러쉬로 그라데이션을 해서 수채 효과를 만들 수 있습니다. 또한 붓펜의 붓모끼리 맞대어 색을 섞어서 쓸 수도 있습니다.

붓모가 부드러우나 펜텔이나 '모나미 컬러 리얼 브러쉬'만큼 낭창거리지 않아서 초보자들도 쉽게 쓰실 수 있습니다. 그림을 그릴 때도 좋고 글씨 쓰기에도 적합한 붓펜이라 많이 애용합니다.

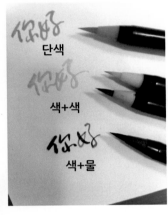

단색

색+색

색+물

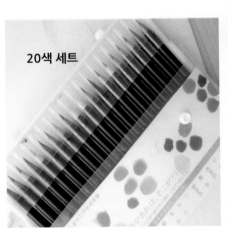

20색 세트

5색, 20색 세트, 낱색 등이 있습니다.

지금까지 붓펜의 종류에 대해 소개해 드렸습니다. 여기에 소개된 붓펜들과 소개되지 않은 붓펜들은 구매처에 직접 가셔서 체험해보길 권해드립니다. 직접 써보지 않고는 제가 설명드린 특징이 잘 와닿지 않을 뿐만 아니라 내게 어떤 붓펜이 적합한지 알 수 없기 때문입니다. 그래서 수업 땐 제가 가진 붓펜들을 다 테스트해볼 수 있도록 드리고 있습니다.

이제 붓펜 사용법에 대해서 알아보려고 합니다. 본 책에서는 '쿠레타케 붓펜'을 기준으로 설명드리고 있으나 붓모로 된 붓펜들은 비슷하니 참고하시기 바랍니다.

붓펜은 어떻게 쓰나요?

1. 노란색 플라스틱을 기준으로 아래쪽과 위쪽을 잡고 오른쪽으로 돌려서 분리해주세요.

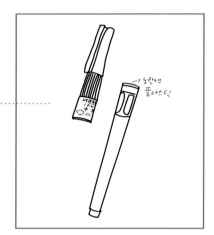

2. 노란색 플라스틱 제거 후 다시 하나로 합쳐주세요.

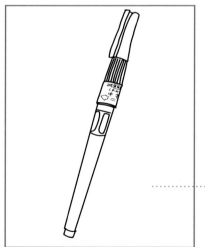

3. 뚜껑을 열고 은색 스티커 윗
부분에 움푹 들어간 부분을 눌러
주세요. 잉크가 아래로 내려오며
붓털에 스며들어요.

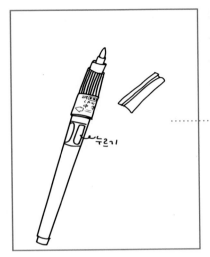

잠깐!

붓모를 위로 놓고 잉크를 짜면 잉크 양
이 많았을 땐 사방으로 튈 수 있어요.
*잉크를 누를 땐 꼭! 종이에 대고 눌러주
세요.*
한 번에 너무 많이 누르지 않는 것이 좋
아요.

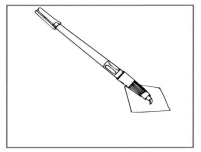

4. 붓모를 뒤로 돌려 붓모에 잉크가 묻은 것을 확인한 후, 더이상 짜지 말고 종이에 붓털을 슥슥 문질러주세요

붓펜은 어떻게 잡나요?

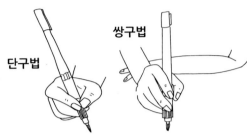

붓펜은 연필 잡듯이 잡는 단구법으로 잡습니다. 그러나 붓잡을 때 잡는 쌍구법으로 잡고 연습하는 것을 추천드려요. 실제 수업시간에서도 그렇게 권해드리고 있습니다.

쌍구법으로 잡으면 붓펜을 떨어뜨리지 않고 더 꽉 잡을 수 있어서 좋아요. 그러나 익숙하지 않은 방법이기 때문에 어렵다면 편한 방법으로 잡아도 됩니다.

어떤 자세로 쓰나요?

먼저 허리를 펴고 종이를 내 앞에 둡니다. 그 후 왼쪽 손 위에 오른쪽 팔꿈치를 올린 뒤 씁니다. 쌍구법에 그려진 자세입니다. 그러나 처음부터 이 자세를 취하게 되면 손목으로만 글씨를 쓸 확률이 높아집니다. 따라서 글씨를 쓰는 팔의 팔꿈치를 책상에서 완전히 든 후 겨드랑이에서 팔을 뗀 뒤 쓰는 것을 추천드립니다. 이 방법이 익숙해진 후 먼저 말씀드렸던 자세를 취하게 되면 자연스럽게 손목보다 어깨로 쓰게 됩니다.

지금까지 본격적으로 중국어캘리그라피를 익히기에 앞서 워밍업을 해봤습니다. 이제 7주 동안 선 긋기부터 세 가지 글씨체까지 연습해보도록 하겠습니다.

모든 글씨를 쓸 땐 천천히 연습하는 게 좋아요. 따라 쓰기를 한 후 빈 칸에 혼자 쓸 땐 글씨 쓰는 방법을 잘 보시고 각도나 중심 등에 주의하며 비슷하게 써보시기 바랍니다.

마지막으로 주어진 빈칸에 다 쓴 뒤엔 따로 연습장에 써보는 것을 추천드립니다. A4용지에 써도 되지만 낱장으로 쓰는 것보다 나중에 내 글씨를 돌아볼 수 있는 연습장에 쓰는 것이 좋아요. 4칸으로 되어 있는 수학 노트도 좋고 일반 연습장이나 스케치북도 좋습니다. 가능한 처음 연습할 땐 종이에 텍스처가 없는 것으로 선택해주세요.

여기까지 오시느라 수고하셨습니다. 그럼 중국어캘리그라피를 쓰기 전에 손도 풀고 붓펜에 익숙해지기 위해 선 긋기 연습을 해볼까요?

1주

선 긋기 연습

1주차에는 선 긋는 방법을 익힙니다. 선 긋기는 손 풀기와 더불어 모든 글씨를 쓰는 기초입니다.

연습할 선 긋기는 총 7개입니다. 단순한 선 긋기에서 붓을 꺾는 방법까지 연습할 수 있습니다.

먼저 선 긋기 연습하는 방법을 알아볼까요?

1. 역입과 회봉 연습

역입이란 붓이 가는 방향의 반대 방향으로 붓을 누르는 것이며 붓 끝을 감추기 위해 사용합니다. 보통 선의 방향은 왼쪽에서 오른쪽 또는 위에서 아래를 향합니다. 선을 오른쪽을 향해 그을 경우 왼쪽으로 붓을 한 번 눌렀다 오른쪽으로 갑니다. 붓펜이나 세필은 역입을 크게 하지 않습니다. 역입을 크게 하면 아래처럼 붓모가 튕기게 되니 주의해 주세요.

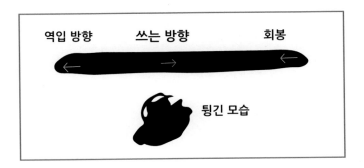

회봉의 회는 '回'로 제자리로 돌아간다는 의미입니다. 마지막에 붓을 그냥 떼지 않고 한 번 더 찍어 마무리한 뒤 붓이 공중에서 역입 방향으로 가는 것을 말합니다.

2. 중봉

중봉이란 붓의 중심을 잡고 가는 것입니다. 선 긋기뿐만 아니라 글씨를 쓸 때도 중봉으로 쓴다는 걸 기억해두세요. 앞에서 언급했 듯 팔꿈치를 책상에서 떼고 어깨로 써야 중봉으로 쓰기 쉽습니다.

A는 중봉으로 그은 선이고 B는 밀어서 그은 선입니다. A는 처음부터 끝까지 폭이 일정하고 B는 처음에는 가늘고 뒤로 갈수록 굵어진다는 것이 특징입니다. B는 획의 질이 A보다 좋지 않습니다.

3. 붓펜 면 바꾸기

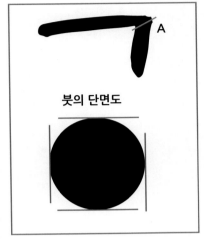

붓의 단면도

붓모에는 4면이 있습니다. 면을 골고루 써야 한쪽만 닳지 않고 골고루 닳습니다. 왼쪽 그림A에서 사선으로 표시한 부분이 면이 바뀌는 부분입니다. 가로획에서 세로획으로 넘어가는 글씨를 쓸 때 가로획에서 쓴 면과 세로획에서 쓴 면이 달라집니다.

4. 붓펜은 꽉 잡고 붓모에는 힘을 빼고 씁니다.

붓펜을 헐렁하게 잡는 분들이 있는데 그렇게 잡으면 붓펜을 못 이기게 됩니다. 붓펜은 꽉 잡고 쓰는 것이 좋습니다.

초보자분들은 대체로 붓모를 눌러서 쓰는 경향이 있습니다. 눌러서 쓰면 붓모가 금방 망가질 뿐 아니라 화선지에 쓰게 되면 번지고 엉겨붙게 됩니다. 지면에 살짝 닿는다는 느낌으로 쓰기 바랍니다. 어떤 느낌인지 모르겠다면 화선지 위에 써보세요. 화선지에 스며드는 것을 보면서 힘 조절을 하면 좋습니다.

위에서 언급한 내용들은 비단 선 긋기 뿐만 아니라 글씨를 쓸 때에도 적용되는 사항이니 선 긋기를 연습하며 잘 익혀두시기 바랍니다.

이제 본격적으로 선 긋기 연습을 해보겠습니다. 지루하더라도 천천히 정성들여 연습하며 붓펜에 익숙해지길 바랍니다. 따라 쓰기 후 빈칸에 혼자 연습해보세요. 본격적으로 글씨에 들어가기 전 손도 풀고 붓펜과 친해지는 시간이니 힘을 빼고 연습하기 바랍니다.

설명은 어떻게 보나요?

먼저 선 긋기에 표시된 화살표 설명을 드리겠습니다. 색은 전체적으로 다 똑같이 적용했으며 보기 좋게 편집하느라 선긋기의 순서를 바꿨습니다.

1. 초록 화살표는 역입과 회봉을 표시한 것입니다. 시작점에 있는 초록 화살표는 역입이고 마지막에 있는 초록 화살표는 회봉입니다. 시작점은 숫자 1로 표시했습니다. 모든 챕터 다 시작점은 1로 표시했습니다.

2. 파란색 사선은 붓 면이 바뀌는 부분을 표시한 것입니다. 그 부분에서 붓을 꺾어 면을 바꾸시기 바랍니다. 붓이 제대로 꺾이지 않으면 둥글게 나옵니다.

3. 동그라미로 표시한 부분은 비슷한 크기로 맞춰야 함을 표시한 것입니다.

이제 각 선들을 어떻게 그어야 하는지에 대해 알아보겠습니다.

구불구불하지 않게 똑바로 그어야 합니다. 대부분 세로선에서 흔들리는 경향이 있는데 그럴 땐 조금 빠르게 선을 그어 보며 익숙해지기 바랍니다. 중봉으로 그어 폭이 일정하도록 유의해주시기 바랍니다.

A선은 중봉으로 긋기 쉬우나 B선은 손목으로 밀어서 쓰기 쉽습니다. 이 점에 유의해서 연습하기 바랍니다.

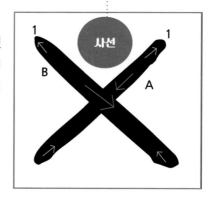

붓 면이 바뀌는 부분과 동그라
미 친 내부 공간이 비슷하도록
유의하며 연습하기 바랍니다.

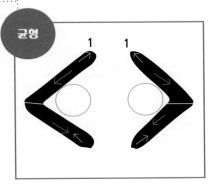

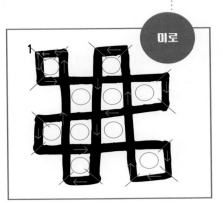

시작 지점과 끝나는 지점이
같습니다. 마지막에 두 부분
이 어긋나지 않아야 합니다.
동그라미 친 내부 공간을 비
슷하게 맞춰야하며 아래에서
위로 올라갈 때 중봉에 유의
하시기 바랍니다.

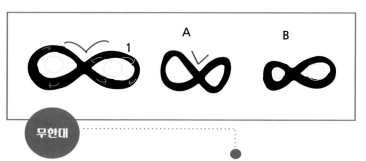

A 모양이 되면 안 됩니다. B처럼 내
부 공간이 너무 차이나지 않게 연습
합니다.

A는 가늘게 B는 굵게 쓰며 파란선 부분이
비슷한 간격이 되게 연습합니다.

사선으로 된 부분에서 한 번 붓
면이 바뀝니다. 이점에 유의하며
연습하시기 바랍니다.

따라쓰기   1. 가로 세로 선

세로 선이 흔들리지 않도록 유의하며 연습해보세요.

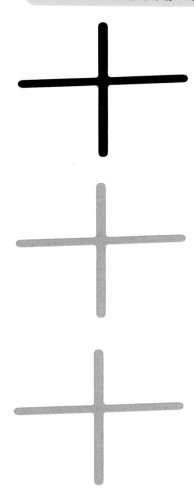

따라쓰기　２. 사선

사선은 왼쪽에서 오른쪽으로 오는 선에 유의하며 연습해보세요

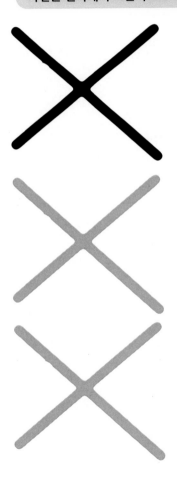

따라쓰기 3. 균형

균형은 두 개를 비슷한 크기로 연습해보세요.

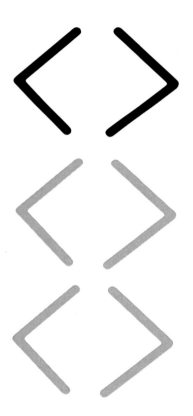

따라쓰기   4. 무한대

무한대는 나비 모양이 되지 않게 주의하며 연습해보세요

따라쓰기   5. 미로

미로는 꺾이는 부분을 주의하며 연습해보세요.

따라쓰기　　6. 곡선

곡선은 부드럽게 쓸 수 있도록 연습해보세요.

따라쓰기   **7. 필압 조절**

> 필압 조절은 굵고 가늘기와 간격에 유의하며 연습해보세요.

총 7개의 선 긋기 따라 쓰기가 마무리 되었습니다. 선 긋기를 할 때 어떤 마음가짐으로 임하셨나요? 혹시 선 긋기라고 막 하지는 않으셨는지요? 앞서 말씀드렸 듯 선 긋기는 손 풀기와 더불어 모든 글씨를 쓰는 기초입니다. 선 긋기를 열심히 연습하셨다면 귀여운체를 쓰기에 좀 더 수월하실 것이라고 생각됩니다.

그럼 이제 2주차 글씨체 획 연습을 시작해볼까요?

중국어캘리그라피는 중국어를 배운 사람만 접근이 용이한가요?

중국어캘리그라피라고 중국어를 배운 사람만 접근이 용이한 건 아니예요. 물론 중국어를 알면 좀 더 쉽게 즐길 수 있겠죠. 하지만 꼭 중국어를 알아야 하는 건 아니니 부담가질 필요 없어요.

실제로 원데이 클래스에서는 중국어를 모르는 분이 오시기도 했었고 정규 과정을 들으시는 분 중에도 중국어를 잘 못하는 분도 계세요. 단체 수업 땐 완전히 그 분께 맞춰 설명드리긴 힘들지만 개인 수업 땐 최대한 중국어 발음과 뜻을 설명하며 중국어캘리그라피 수업을 합니다. 그래서 늘 첫 수업 시간에 중국어 가능 여부를 여쭤봅니다.

중국어라는 산이 크게 느껴져서 중국어캘리그라피도 멀리 느껴지지 않길 바랄게요.

2주

글씨체
획 연습

1. 강한체

2. 귀여운체

3. 흘림체

2주차에는 강한체, 귀여운체, 흘림체 글씨체의 기초가 되는 획 연습을 해보겠습니다. 획 연습은 한글의 자음과 모음, 영어의 알파벳이라고 생각하면 돼요. 간혹 변형과 응용이 필요할 때도 있지만 대체로 9가지 획으로 대부분의 한자는 다 쓸 수 있습니다. 9개의 획 중에도 기존 획들을 응용해서 쓰는 획도 있으므로 실제로는 5~6개의 획만으로 대부분의 한자를 쓰게 됩니다.

세 가지 글씨체를 한 번에 연습하기 때문에 많이 벅찰 수도 있습니다. 그러나 획 연습이 안 된다고 좌절하지 않으셨으면 해요. 획 연습은 획 연습만 할 때보다 단어, 단문 등을 연습하며 훨씬 더 좋아지기 때문이에요. 한 번에 잘하려고 욕심부리면 금방 지치니 7주 동안 글씨체를 익힌다 생각하시고 천천히 연습해보세요.

획에 화살표를 표시할 때 이미 나온 획의 응용일 경우 화살표를 넣지 않았습니다. 예를 들어 책받침 획은 오른쪽 점을 쓴 후 점을 뺀 민갓머리 획을 쓴 뒤 파임으로 마무리 됩니다. 그래서 화살표를 넣지 않아도 먼저 나온 획들을 응용해서 쓸 수 있습니다. 강한체 획 연습은 어려울 수 있으므로 단면도를 같이 첨부했습니다. 자세한 건 획 쓰는 방법을 참고해주세요.

그럼 획 연습을 시작해볼까요?

1. 강한체 연습

운림당 간 〈명필 법서 선집〉

강한체는 한자 서체 중 북
위 해서체를 모티브로 만들
었습니다.

강한체의 특징은 직선과 각입니다.

강한체는 총 9개의 획을 연습합니다. 먼저 각 획을 쓰는 방법을 설
명한 후 따라 쓰기가 있습니다. 글자 위에 따라 써본 후 빈 칸에 혼
자 써보시기 바랍니다.

 그럼 강한체 획 쓰는 방법을 알아볼까요?

가로획

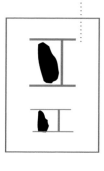

붓모의 넓이를 설명한 것입니다. 붓모를 누르는 면적에 따라 길이가 달라집니다.
붓펜을 내 몸쪽으로 기울여 붓면이 종이에 닿게 씁니다.

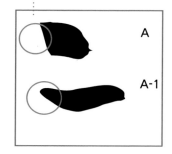

강한체 획의 머리를 설명한 것입니다. A처럼 머리가 나오지 않게 일정한 폭을 유지하며 오른쪽으로 긋습니다.
강한체는 흘림체처럼 머리가 나오지 않습니다. A와 A-1의 빨간 동그라미를 비교해보면 알 수 있습니다.

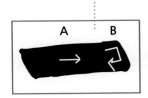

머리를 만들었다면 A의 화살표 방향대로 중봉으로 긋습니다. 원하는 길이로 그은 후 B의 화살표 방향대로 삼각형을 그리며 마무리합니다. B는 회봉입니다.

획의 폭이 같습니다. 강한체의 가로는 폭이 일정해야합니다. 중봉으로 긋는다면 폭은 저절로 같아집니다.

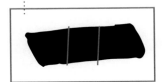

세로획

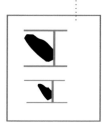

가로획처럼 붓모의 넓이를 설명한 것입니다. 겨드랑이에서 팔을 떼고 팔의 반경이 가슴과 평행을 이룹니다.

붓모를 약간 사선으로 놓아 머리를 만듭니다.

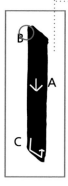

A 화살표대로 중봉으로 내려긋습니다. 이 때 머리가 나오지 않도록 B의 동그라미를 맞춰 내려그어야 합니다.
원하는 길이로 내려그었다면 C처럼 회봉합니다. 화살표 방향을 따라 가로획처럼 삼각형으로 마무리 합니다.

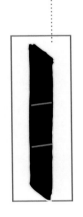

폭이 같습니다. 가로획처럼 중
봉으로 그었다면 저절로 같아
집니다.

강한체 세로는 곤(뚫는 획)획을
쓰는 글씨에도 사용합니다.

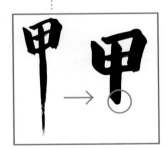

갈고리

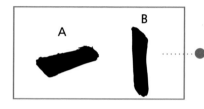

A는 가로획이고 B는 세로획입니다. A와 B는 가로획과 세로획을 쓰듯 쓰면 됩니다.

가로에서 세로를 그을 때 C처럼 각을 만들어주세요. 각은 세로 머리를 만들면 나옵니다.
D는 B를 내려 그은 마지막에서 붓을 돌리지 말고 붓모만 왼쪽으로 틀어서 가로처럼 긋습니다.

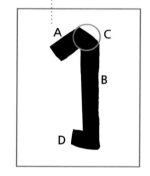

전체적으로 쓰는 모습을 화살표로 표현한 것입니다. 가로획에서 세로획이 이어질 때 화살표의 꺾인 모습을 잘 보며 연습해보세요.

삐침
파임

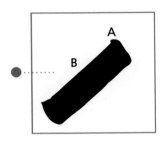

A처럼 머리를 만들어준 뒤 B처럼 왼쪽 사선으로 긋습니다. 세로획이 사선으로 바뀌었다고 생각하면 쉽습니다.

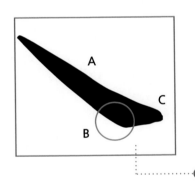

파임은 먼저 A처럼 점점 굵어지며 아래로 긋다가 마지막엔 붓모를 최대한 누릅니다.

B부분을 할 땐 붓모를 살짝 오른쪽으로 꺾어서 화살표가 있는 아래 부분을 맞춰 옆으로 긋습니다. 붓을 돌리지 않습니다.

C는 뭉뚝하게 끝냅니다.

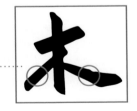

'木' 자의 동그라미 친 부분 등에 쓰입니다.

점

세로획 쓰는 방법과 같으나 윗머리를 사선이 아닌 직선으로 놓습니다.

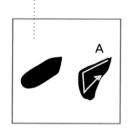

왼쪽 점입니다. 왼쪽으로 살짝 굵어지게 내려 그은 후 화살표 방향대로 삼각형으로 마무리합니다. 그러면 A모양이 완성됩니다.

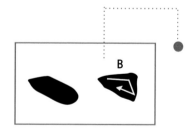

오른쪽 점입니다. 붓을 종이에 오른쪽 방향으로 한번 찍은 후 화살표 방향대로 삼각형으로 마무리합니다. 그러면 B 모양이 완성됩니다.

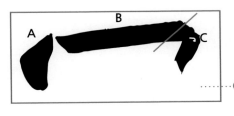

민갓머리

A는 왼쪽 점입니다. B는 가로획으로 가다 사선 표시 부분에서 각을 만들어 줍니다. C의 화살표 꺾임 방향대로 각을 세워서 아래로 내려긋습니다.

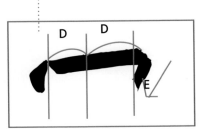

강한체 민갓머리는 D에 표시한 거리가 중요합니다. E 때문에 중심선을 기준으로 왼쪽보다 오른쪽을 더 길게 그어야 합니다. E부분은 너무 왼쪽으로 빼지 말고 세로보다 살짝 아래를 향한 왼쪽으로 빼야합니다.

책받침

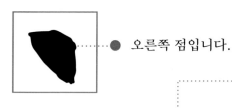

●········· 오른쪽 점입니다.

A는 점을 뺀 민갓머리의 연속이며
B는 파임입니다. 앞에 나왔던 획들
을 응용하여 연습하면 됩니다.

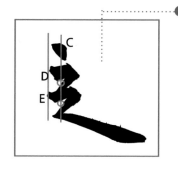

● C는 중심을 설명한 것입니다. E가로
의 첫머리가 D가로 첫머리보다 많이
나가지 않게 유의하시기 바랍니다.
E가로가 D보다 많이 나가면 빈 공간
이 커집니다. 동그라미 친 부분들의
크기를 비슷하게 맞춰서 써야 합니
다.

 새을

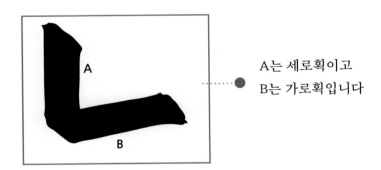

A는 세로획이고
B는 가로획입니다

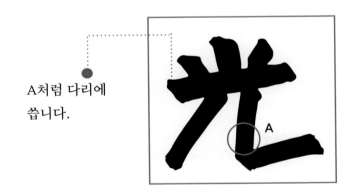

A처럼 다리에
씁니다.

따라쓰기   1. 가로

각을 세워 직선을 유지하며 연습해보세요.

따라쓰기   2. 세로

세로획이 흔들리지 않도록 유의하며 연습해보세요.

따라쓰기 **3. 갈고리**

가로선과 세로선을 응용하여 연습해보세요.

따라쓰기 **4. 삐침, 파임**

삐침의 각도와 파임의 모양에 유의하며 연습해보세요.

따라쓰기   6. 점

점의 마무리 삼각형에 유의하며 연습해보세요.

따라쓰기 7. 민갓머리

공간 분배에 유의하며 연습해보세요.

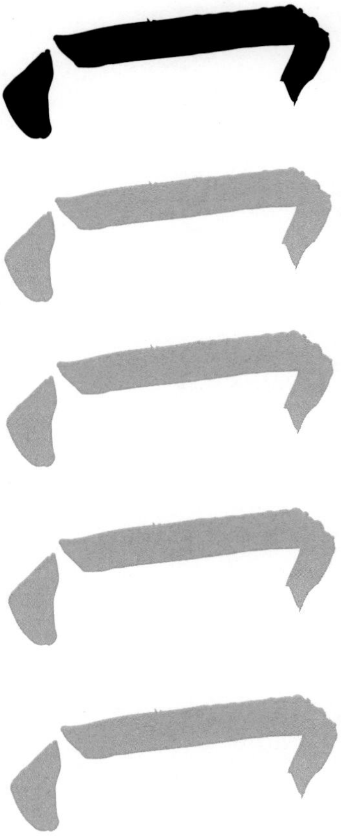

중심과 길이에 유의하며 연습해보세요.

따라쓰기 9. 새을

각지게 연습해보세요.

강한체 획 연습이 끝났습니다. 강한체 획 연습이 많이 어려웠을 것으로 예상됩니다. 붓이 돌아가는 방향 등의 기초를 탄탄히 하기 위해 강한체 연습을 먼저 합니다. 기초를 탄탄히 하면 귀여운체와 흘림체는 글씨체는 다르지만 잘 쓸 수 있게 됩니다. 단면도를 통해 조금 쉽게 볼 수 있게 했지만 각을 살려서 쓴다는 것이 쉽지 않기에 많은 연습이 필요합니다.

강한체는 이미 말씀드린 대로 직선과 각을 살려 쓰는 게 포인트입니다. 강한체는 폭을 일정하게 유지하며 각과 직선을 살려 써야한다는 것을 잊지 마시기 바랍니다.

이제 귀여운체 획을 연습해 보겠습니다.

2. 귀여운체 연습

운림당 간 〈명필 법서 선집〉

귀여운체는 한자 서체 중 예서체와 광개토대왕비체를 응용해 만들었습니다.

광개토대왕비체
자전

귀여운체는 곡선과 통통함 동글동글함이 특징입니다. 동글동글하고 통통해야 귀여워 보입니다.

노란색 화살표로 역입과 회봉을 표시하였습니다. 시작점이 역입이고 마지막이 회봉입니다.

바나나를 그리듯 쓰면 됩니다. 역입한 뒤 점점 붓을 눌러 뒷부분을 통통하게 만들어줍니다. 마지막으로 동글게 회봉합니다.

가로가 세워졌다고 생각하면 쉽습니다.길쭉한 바나나를 그린다 생각하고 쓰세요.
강한체처럼 곤 획에도 씁니다.

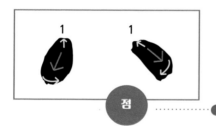

위쪽 점은 오른쪽 점과 같습니다. 왼쪽 점이나 오른쪽 점 모두 붓을 한 번 찍은 후 동그랗게 회봉합니다.

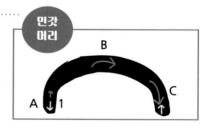

A는 아래서 위로 씁니다. B에서 C는 한번에 곡선을 이루며 둥글려서 내려온 후 회봉합니다.

삐침은 가로와 같고 방향만 왼쪽 사선으로 씁니다.
파임은 강한체처럼 점점 누르면서 내려오다 한번에 오른쪽으로 돌려 둥글게 회봉합니다

역입 후 한 번에 둥글게 긋습니다.

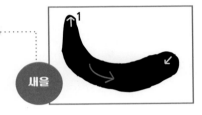

A는 오른쪽 점입니다.
B는 숫자 3처럼 쓰며 C는 파임입니다.
강한체처럼 중심을 맞추고 동그라미 공간은 비슷하게, 가로획이 D선보다 왼쪽으로 나가지 않게 씁니다.

역입 후 한번에 곡선을 그린 뒤 회봉합니다. 이때 B처럼 기울어지게 쓰면 안 됩니다. 첫머리보다 A가 더 오른쪽으로 나와야 합니다.

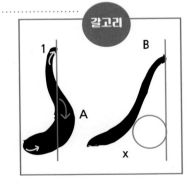

따라쓰기　　1. 가로

바나나가 누워있는 모습을 생각하며 연습해보세요.

따라쓰기   2. 세로

세로로 있는 바나나를 생각하며 연습해보세요.

따라쓰기　3. 갈고리

윈쪽으로 기울어지지 않게 유의하며 연습해보세요.

따라쓰기   4. 삐침, 파임

통통하고 동글동글하게 연습해보세요.

따라쓰기   5. 점

따라쓰기 6. 민갓머리

윗 부분을 둥글게 연습해보세요.

따라쓰기 7. 책받침

숫자 3을 그리듯 귀엽게 연습해보세요.

따라쓰기   8. 새을

물 위에 떠있는 오리를 생각하며 연습해보세요.

귀여운체의 획 연습이 끝났습니다. 귀여운체는 앞서 말씀드린 대로 곡선과 통통함을 살려 쓰는 게 포인트입니다. 길이는 짧게 해야 훨씬 귀여워 보입니다. 길이를 길게 썼거나 날씬하게 썼다면 귀여운 느낌이 덜했을 것입니다.

이제 마지막으로 흘림체 획 연습을 해보겠습니다.

3. 흘림체 연습

흘림체는 한자 서체 중 초
서체와 행서체를 응용하였
습니다.

운림당 간
〈명필 법서 선집〉

손과정 〈서보〉

흘림체의 특징은 곡선과 유려함입니다. 곡선과 유려함을 살려 연습
하셔야 하며 유려함이 잘 살아야 흘린 글씨가 잘 표현됩니다.

흘림체는 허획과 실획으로 구분됩니다. 허획의 허는 虛(빌 허)자로
비어있는 획으로 진짜 획이 아니란 의미입니다. 흘림체는 속도가
빠른 글자이기 때문에 다음 글자로 가기 위한 동작을 취할 때 저절
로 허획이 생깁니다. 허획을 일부러 내려고 하면 부자연스러워 보
입니다.

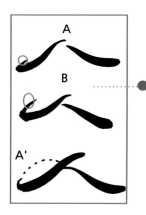

A는 자연스럽게 허획이 나온 경우고 B는 일부러 허획을 낸 경우입니다. B는 동그라미 부분이 부자연스러워 보입니다. 허획은 빠른 속도를 가지는 흘림체의 특성상 A'처럼 삐침에서 바로 파임으로 이어지기 때문에 저절로 나오게 되는 것입니다.

흘림체는 빠른 속도의 글씨지만 처음에는 천천히 연습해야 합니다. 처음부터 빠르게 연습하면 획이 무너질 수 있기 때문입니다. 처음엔 획 하나 하나에 집중하며 천천히 연습하고 익숙해지면 조금씩 속도를 내서 써보세요.

흘림체는 짧은 시간에 좋아지지 않습니다. 꾸준히 연습해 필력이 좋아져야 잘 쓸 수 있으니 너무 조급해 하지 않으셨으면 좋겠습니다. 이 점에 유의하여 흘림체 획 연습을 해보겠습니다.

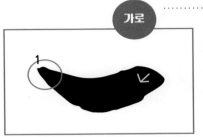

가로획은 붓을 놓고 바로 옆으로 갑니다. 따라서 동그라미처럼 머리가 나오는 것이 정상입니다.

세로획도 가로획처럼 붓을 놓고 바로 아래로 내려갑니다. 따라서 동그라미처럼 머리가 나오는 것이 정상입니다.

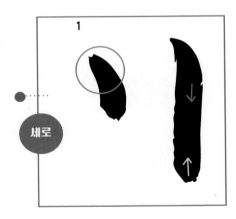

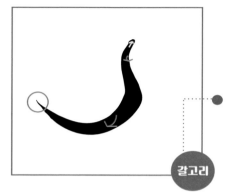

갈고리는 귀여운체처럼 한번에 곡선을 그려줍니다. 귀여운체와 다르게 마지막에 멈추지 않고 동그라미처럼 뾰족하게 빼냅니다.

갈고리

삐침 파임

삐침과 파임은 A처럼 공중에서 회전을 그리며 다음 획으로 넘어갑니다. 선 긋기에서 무한대 연습을 잘 하셨다면 문제 없이 잘 쓸 수 있을 것입니다.

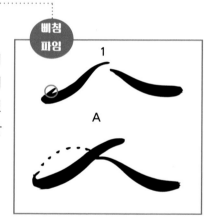

역입한 후 점점 굵게 내려긋다가
동그라미 부분에서 살짝 왼쪽으
로 가늘게 뺍니다. 어려울 수 있
으니 많은 연습이 필요합니다.
강한체에서 설명했 듯 A 동그라
미처럼 가운데 뚫는 데 사용합니
다.

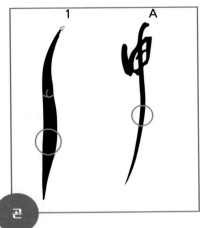

곤

점

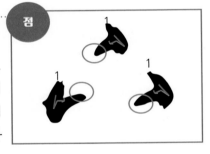

점은 허획을 같이 표시했습니다.
동그라미 부분이 허획입니다. 허
획은 다음 획의 방향으로 나옵니
다. 붓을 찍고 가운데로 올라가
서 붓을 모아 빼냅니다.

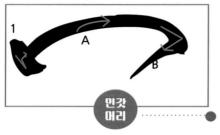

먼저 왼쪽 점을 찍은 후 A부분을 곡선으로 긋고 한번에 B를 뽑습니다.

A처럼 점에서 바로 가로로 이어집니다. 점을 찍은 후 동그라미 부분을 한번에 연결해 쓴 뒤 B부분은 파임을 써줍니다.

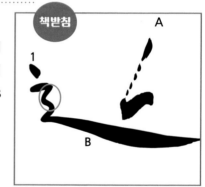

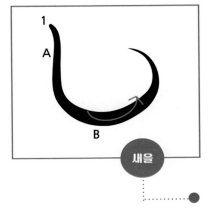

1

A

B

새을

A세로획을 가늘게 내려 긋고 B 부분을 한번에 꼬리까지 어깨로 씁니다. 어깨로 쓰지 않으면 꼬리가 유연하지 않습니다. 원을 그린다는 생각으로 어깨를 돌려 주세요.

따라쓰기 **1. 가로**

따라쓰기   2. 세로

세로선이 흔들리지 않게 유의하며 연습헤보세요.

따라쓰기 　**3. 갈고리**

귀여운체와 비슷하나 더 유려하게 연습해보세요.

따라쓰기 ## 4. 삐침, 파임

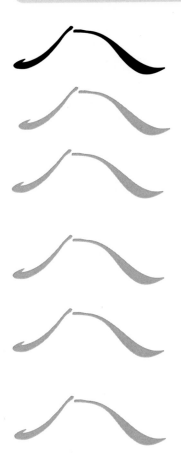

따라쓰기 5. 곤

가늘게 내려오다 눌러서 빼는 것에 유의하며 연습해보세요

따라쓰기　6. 점

따라쓰기 7. 민갓머리

둥근 곡선을 유지하며 연습해보세요.

따라쓰기　8. 책받침

유려한 곡선을 그리며 연습해보세요.

따라쓰기   9. 새을

꼬리를 유려하게 연습해보세요.

흘림체 획 연습이 끝났습니다. 앞서 말씀드렸 듯 곡선과 유려함이 살아나야 흘려 쓴 느낌이 훨씬 살아납니다. 붓펜이 춤을 추는 느낌을 담아 써야한다는 것을 잊지 마세요. 리드미컬한 음악을 틀어놓고 흘림체 획을 연습하는 것도 좋습니다.

이제 2주차 글씨체 획 연습이 끝났습니다. 글씨체 하나만 익히는 것도 버거운데 세 가지 획을 익히려니 많이 힘드셨을 것으로 예상됩니다. 글씨체를 따로 연습하셔도 되지만 한 글자체만 쓰다가 지쳐버릴 수 있기 때문에 한 번에 다양하게 연습하는 것이 좋습니다. 획 연습이 잘 안 돼서 힘드셨을 수도 있으니 단어 연습을 하며 좀 더 글씨체에 익숙해지시길 바랍니다.

그럼 이제 3주차 한 글자 단어 연습을 시작해볼까요?

궁금해요
엘리쌤!

중국어캘리그라피 글씨체와
한자 서체가 다를까요?

2주차 획 연습에서 잠깐 언급했 듯 중국어캘리그라피 글씨체를 만들 때 기존 한자 서체를 응용했습니다. 그렇기 때문에 완전히 같다고 할 수도 없지만 완전히 다르다고 말하기도 어렵습니다. 비슷한 부분이 있으나 쓰는 방법은 차이가 있습니다. 한자 서예를 하셨던 분이라면 좀 더 쉽게 중국어 캘리그라피를 할 수 있을 것으로 생각됩니다. 그러나 때로는 익숙한 것을 변형하는 게 더 어려울 수도 있으니 꼭 좋은 것만은 아닙니다.

출처: 손과정 〈서보〉 및 운림당 간 〈명필 법서 선집〉

북위 해서체

예서체

행서체

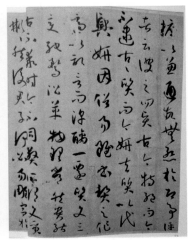

초서체

3주

한 글자
단어 연습

1. 看 보다

2. 爸 아빠

3. 妈 엄마

4. 好 좋은

3주차에서는 2주차에서 익혔던 획을 활용해 한 글자로 이루어진 단어를 강한체, 귀여운체, 흘림체로 연습하게 됩니다. 3주차에서 연습하게 될 한 글자 단어는 다음과 같습니다.

看 보다　爸 아빠
妈 엄마　好 좋은

먼저 각 단어를 쓸 때 유의점을 알아보고 따라 쓰기를 합니다. 쓰기 까다로운 단어들을 넣었기 때문에 조금 어렵겠지만 천천히 설명을 보며 익힌다면 잘 쓸 수 있으리라 생각됩니다. 따라 쓰기를 하면서 같은 단어가 글씨체가 달라지면 느낌이 어떻게 다른지에 대해서도 생각해보시면 좋겠습니다.

好는 妈와 방법이 같아서 따로 설명하지 않았습니다.

그럼 3주차 시작해볼까요?

1. 看 보다

A처럼 중심을 맞추는 게 중요합니다. B처럼 쓰지 않습니다.
A와 B의 동그라미를 보면 A는 남은 공간이 없습니다. 삐침을 할 때 사선으로 써서 '目'자가 안으로 들어와야 합니다.
A'는 C를 오른쪽에서 왼쪽으로 그었습니다

동글동글하게 중심을 맞춰
씁니다.

귀여운체

A

점선으로 붓이 가는 방향을 표시
했습니다.
A는 흘림의 '目' 안의 가로를 쓰
는 방식입니다.

흘림체

2. 쭙 아빠

A의 파임을 B처럼 써도 됩니다.

C의 빨간 동그라미는 A,B의 공간보다 넓습니다. C처럼 쓰면 윗부분이 아래보다 커져 가분수 형태가 됩니다. 강한체에 어울리지 않습니다.

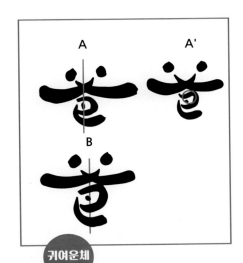

'巴'를 '父'보다 작게 써서 가분수를 만들어야 더 귀엽습니다. A와 B를 비교해보세요.

'巴'를 A' 동그라미처럼 쓸 수 있습니다.

귀여운체

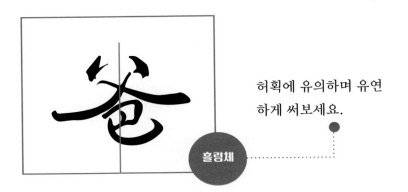

허획에 유의하며 유연하게 써보세요.

흘림체

3. 妈 엄마

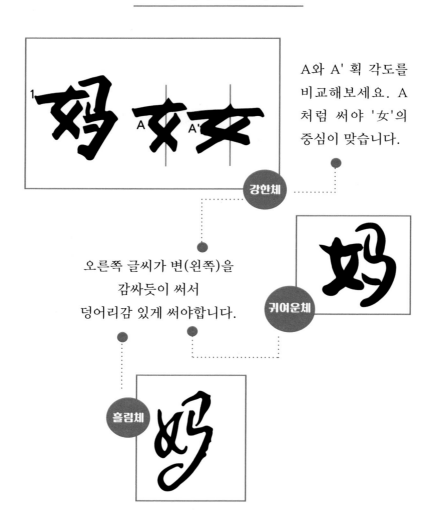

A와 A' 획 각도를
비교해보세요. A
처럼 써야 '女'의
중심이 맞습니다.

강한체

오른쪽 글씨가 변(왼쪽)을
감싸듯이 써서
덩어리감 있게 써야합니다.

귀여운체

흘림체

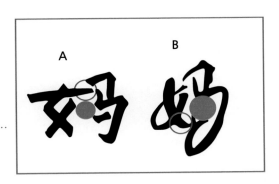

'女'와 '马'의 공간을 줄여서 써야 합니
다.
A는 '女'의 파란 동그라미가 길어져 '女'
와 '马'사이에 여백이 생겼고 B는 파란
동그라미가 길어 둘 사이에 여백이 생
겼습니다.

따라쓰기 1. 看

看　看

看　看

看　看

따라쓰기   2. 爸

아래가 위보다 너무 크지 않게 연습해보세요.

따라쓰기   3. 妈

두 개가 다른 단어처럼 느껴지지 않게 연습해보세요.

妈 妈

妈 妈

妈 妈

따라쓰기   4.好

이제 3주차 한 글자 연습이 끝났습니다. 평소에 쓸 때보다 규칙에 맞춰 쓰려니 어려웠겠지만 글씨체는 점점 좋아졌을 것입니다.

이제 4주차에서 두 글자로 이루어진 단어 연습을 합니다. 4주차에는 글씨체에 좀 더 익숙해지기 바랍니다.

그럼 4주차 시작해볼까요?

궁금해요 엘리쌤! 중국어캘리그라피를 배우면 할 수 있을까요?

당연히 배우면 할 수 있습니다. 중국어캘리그라피 수업을 통해 만난 분들은 캘리그라피도 해보지 않은 분들이 대부분입니다. 그래서 처음엔 부담을 느끼시는 분들도 계셨어요. 특히 첫날엔 이론을 듣기도 벅차고 선 긋기 하는 것도 어려워하시죠. 그러나 4주 또는 8주의 시간이 지나면 언제 그랬냐는 듯 실력이 월등히 좋아집니다. 물론 개개인마다 연습 시간 및 기량에 따른 차이는 있을 수 있습니다. 그러나 배우면 누구나 중국어캘리그라피를 할 수 있습니다.

수업이 종강되면 수업이 진행되는 동안 수강생 분들의 글씨 쓰는 모습을 찍은 사진들을 모아 블로그에 수업 풍경으로 포스팅합니다. 포스팅을 하며 매 번 느끼지만 수강생분들의 실력 향상에 뿌듯하기도 하고 뭉클하기도 해요. 선 긋기도 버거워서 획이 흔들렸던 분이 한 주 한 주 지나며 다양한 글씨체로 표현하고 단어부터 장문까지 쓰시게 되죠. 수강생 분의 훌쩍 자란 글씨의 키만큼 제 배움의 크기도 자라요. 제가 가르치는 입장이지만 늘 수강생분들에게 많이 배워요.

다시 한 번 말씀드리지만 배우면 누구나 할 수 있습니다. 그러니 배워도 안 될거라는 두려움에 중국어캘리그라피 배우기를 망설이고 계신다면 일단 한 번 시도해보세요.

마지막으로 한 가지 더 당부하고 싶은 건 연습이에요. 배우면 누구나 할 수 있지만 연습을 하지 않으면 아무나 잘 할 순 없어요. 그래서 전 앞으론 이런 질문을 받고 싶어요.

"열심히 연습하면 중국어캘리그라피를 잘 할 수 있을까요?"

대답은 当然(당연하다)!입니다.

4주

두 글자 단어 연습

1. 毛笔 붓

2. 草莓 딸기

3. 芒果 망고

4. 运动 운동하다

4주차엔 두 글자로 이루어진 단어 연습을 합니다. 4주차에 연습할
두 글자 단어는 다음과 같습니다.

毛笔 붓　草莓 딸기
芒果 망고 运动 운동하다

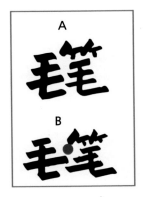

두 글자 단어를 쓸 때 가장 중요한 점은 글자와 글자 사이를 좁히는 것입니다. A와 B를 비교해보면 A는 '毛'와 '筆' 사이가 붙어 있고 B는 둘 사이가 벌어져 있습니다. B처럼 두 사이가 벌어지면 한 단어처럼 보이지 않고 각자 다른 단어처럼 보입니다. 이 점에 유의하여 연습해보시기 바랍니다.

4주차의 단어들도 3주차와 같이 쓰기 까다로운 단어들만 모아놓았으니 설명을 잘 보고 익히기 바랍니다.

그럼 4주차 시작해 볼까요?

1. 毛笔 붓

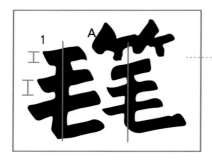

중심을 맞춰서 쓰는 게 중요합니다. 가로획이 많은 글자기 때문에 같은 획이 여러 번 겹칠 경우 가로획의 두께를 조금씩 다르게 쓰는 것이 좋습니다.

강한체

B처럼 빨간 동그라미가 길 경우 둘 사이가 벌어져 파란 공간이 생길 수밖에 없습니다. C가 길어도 같은 현상이 생기니 이 점에 유의하시기 바랍니다.

동글동글한 곡선으로
써야 귀여워 보여요.

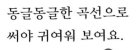

귀여운체

흘림체

허획에 유의하며
연습해 보세요.

2. 草莓 딸기

A의 빨간 동그라미 길이를 줄여주는 게 중요합니다. B의 빨간 동그라미가 A의 빨간 동그라미보다 길어서 파란 공간이 생겼습니다.

C의 가로 길이가 초록 동그라미를 넘으면 안 됩니다. C를 쓸 때 위에 초록 동그라미 길이와 맞춰야 '莓'가 오기 쉬워요. 연두색 선을 유의해서 봐주세요.

D는 D'처럼 써도 됩니다.

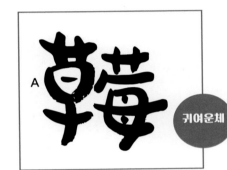

A는 딸기 모양으로
써주면 더 딸기스러워집
니다.

귀여운체

붓이 가는 흐름을 잘 보면서
써보세요.
빨간 동그라미 공간이 너무
커지지 않게 주의해야 합니
다.

흘림체

3. 芒果 망고

강한체

파란 공간을 최대한 줄이는 게 중요합니다. 이 공간을 줄이기 위해서는 '果'의 C 가로획을 '芒'의 파란 부분까지 채워서 써야합니다.

빨간 동그라미처럼 가로가 길면 파란 공간이 커질 수 밖에 없습니다. '芒'의 두 번째 가로획은 '++'의 가로획과 비슷한 길이로 써야합니다.

'芒'에 가로획이 연달아 두번 나오므로 필압 조절을 해서 두께를 다르게 쓰는 것이 좋습니다.

A를 망고 모양처럼 길게 쓰면
써주면 더 망고스러워집니다.

귀여운체

붓의 동선을 고민하며 연습해
보세요.

흘림체

4. 运动 운동하다

A

강한체

'云'자가 연속해서 나오기 때문에 '运'과 '动'의 '云' 크기를 다르게 써주는 게 중요합니다. 같은 크기로 쓰면 두 개가 겹쳐서 모양 상 보기 좋지 않습니다.

'云'자는 가로가 연달아 나오는 글자이므로 가로의 두께를 다르게 써주는 게 좋습니다.

B처럼 '云'이 책받침에서 떠서 파란 공간이 생기지 않게 A처럼 써야 합니다.

B

X

책받침의 파임이 너무 길면 C 처럼 파란 공간이 생기게 됩니다. 책받침의 파임을 A처럼 짧게 써야 합니다.

동글동글 귀엽게 쓰는 것 외에 특별한 주의점은 없습니다.

귀여운체

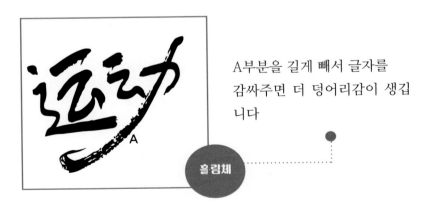

A부분을 길게 빼서 글자를 감싸주면 더 덩어리감이 생깁니다

흘림체

처음만나는중국어캘리그라피   153

따라쓰기 **1. 毛笔**

毛笔

毛笔

毛笔

毛笔

毛笔

毛笔

따라쓰기   2. 草莓

중심을 잘 맞추며 연습해보세요.

따라쓰기 3. 芒果

따라쓰기　　**4.** 运动

글자와 글자 사이가 넓어지지 않게 유의하며 연습해보세요.

4주차 두 글자 단어 쓰기가 끝났습니다. 한 글자보다 조금 더 어려우셨으리라 생각됩니다. 두 글자 단어 쓰기의 핵심은 두 글자가 한 글자처럼 보이게끔 덩어리감 있게 쓰는 것입니다.

5주차부터는 글씨체별로 예제를 드리지 않습니다. 이제부턴 글씨체에 연연하지 말고 중국어캘리그라피답게 쓰는 것에 집중하시면 좋겠습니다.

그럼 5주차 시작해 볼까요?

중국어(한자)를 예쁘게 쓰고 싶어요.

엘리의방 카페에서는 가입 시 다음과 같은 질문을 드리고 있어요.

"중국어캘리그라피에 대해 어떤 점이 궁금한가요?"

이 질문에 대한 답은 각양각색입니다. 단순히 중국어캘리그라피 자체를 궁금해하시는 분들도 있고 균형감 있게 쓰고 싶은 분이나 방법, 재료비를 궁금해 하시는 분들도 있어요. 그 중에 가장 많이 보이는 답은 **'중국어(한자)를 예쁘게 쓰고 싶어요'**예요. 중국어가 한자로 이루어져 있으니 아래부터는 한자로 통일해 말씀드리겠습니다.

보통 캘리그라피에 대한 외부 인식은 예쁘게 쓰는 글씨 또는 멋지게 흘려 쓰는 글씨인 것 같아요. 그 연장선처럼 중국어캘리그라피도 한자를 예쁘게 쓰고 싶어서 배우고 싶어하는 분들이 많습니다. 하지만 '프롤로그'에서도 설명드렸 듯 중국어캘리그라피는 한자를 예쁘게 쓰는 건 아닙니다. 즉 한자를 예쁘게 쓰고 싶어서 중국어캘리그라피를 배우려고 하셨다면 번지수를 잘못 찾으셨다는 거예요. 오히려 중국어 손글씨 쪽이 예쁘게 쓰는 것과는 더 맞겠죠. 중국어캘리그라피는 한자에 감정을 담아 표정있게 써내는 것입니다. 그렇기 때문에 한자를 예쁘게 쓰고 싶은 마음보다 잘 쓰고 싶고 글씨로 감정을 표현하고 싶다면 중국어캘리그라피를 배우셔도 좋아요. 단순히 한자를 예쁘게 쓰고 싶어 중국어캘리그라피를 배우신다면 금방 지칠 테니까요.

중국어캘리그라피를 연습하시면서 한자는 자연스럽게 예뻐집니다. 그러니 꼭 한자를 예쁘게 써야겠다는 목표로 중국어캘리그라피에 접근하는 것은 위험해요.

5주 강약 연습

1. 이름 연습

2. 好雨时节

'절대 음감'을 아시나요? 예를 들어 '모나리자'라는 단어를 처음에는 '모'를 높게 발음하고 두 번째는 '나'를 높게 발음하면서 '자'까지 가는 것을 말해요. 예능 프로그램에서 자주 다뤄서 많이 알고 있으리라 생각됩니다.

5주차에서 하는 강약 연습은 '절대 음감'이라고 생각하시면 됩니다. 여기서는 높게 발음하는 게 아니라 크기 조절을 하는 것이죠. 위 그림에서 빨간 네모 박스가 크게 쓴 부분입니다. 세 줄 전체를 한 문장이라고 생각하고 덩어리감 있게 쓰면서 강약 조절을 하는 거예요.

'시작하기 전에' 파트 중 '중국어캘리그라피는 어떻게 쓸까'에서 강조하고 싶은 것을 크게 쓸 수 있다고 언급한 적이 있습니다. 5주차에는 세 글자와 네 글자로 강약 연습을 집중적으로 연습해봅니다. 5주차에서 하게 될 강약 연습은 다음과 같습니다.

> 이름 연습
> 好雨时节 때 맞춰 내리는 비

처음엔 익숙하지 않아 힘들 수 있습니다. 먼저 글자에 집중해 연습하면서 세 글자, 네 글자를 쓰는데 익숙해진 후 강약 조절 연습을 해보시기 바랍니다.

그럼 글씨로 절대 음감 시작해볼까요?

1. 이름 연습

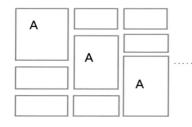

먼저 세 글자로 강약 연습을 해 보겠습니다. 글자의 모양에 따라 조금씩 달라지나 대략적으로 왼쪽과 같은 모습이 됩니다. A 로 표시된 부분의 글자를 크게 쓰는 것입니다.

여기서 연습하는 세 글자는 제 이름입니다. 강조해서 크게 쓴 부분과 아닌 부분이 명확히 구분 되어야 하며, B처럼 강조하지 않 은 부분이 강조한 부분과 이질 감 있게 작아지면 안 됩니다. 전 체가 한 문장이라고 생각하고 덩 어리감 있게 써주시기 바랍니다. 제 이름으로 따라 쓰며 감을 익 히신 후 빈 칸에 본인 이름으로 따라 써보시기 바랍니다.

따라쓰기   1. 이름 연습

강약에 유의하며 연습해보세요.

2. 好雨时节 **호우시절**

똑같이 A 부분을 크게 쓰며
대략적인 공식은 오른쪽과
같습니다.

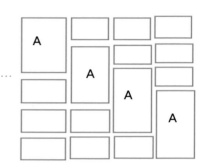

A처럼 '节'가 강조되는 부분이 아
닐 경우에는 최대한 납작하게 써
야 합니다.

'雨'를 강조해서 쓸 땐 B처럼 양
세로획을 길게 쓰는 것이 좋습니
다.

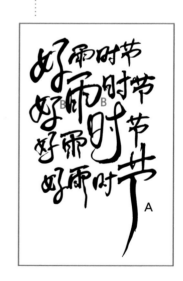

따라쓰기 **1.** 好雨时节

이제 5주차 강약 연습이 끝났습니다. 강약 조절이 마음대로 잘 되셨나요? 처음엔 작게 쓰는 것과 크게 쓰는 것부터 어려웠을 것입니다. 미리 언급드린 대로 글자에 먼저 익숙해진 후 강약 연습을 해보기 바랍니다. 강약 연습이 잘 된다면 다섯 글자나 여섯 글자도 해보시면 좋습니다.

6주차에는 단문 연습을 합니다. 단문의 느낌과 어울리는 글씨체로 연습하게 됩니다.

그럼 6주차 시작해 볼까요?

붓펜으로 잘 안 써져요

당연합니다. 붓펜은 일반 필기구랑 달라서 처음부터 잘 써지지 않는 게 정상이에요. 물론 스펀지 형태로 된 모나미 붓펜 등은 쉽게 쓸 수 있어요. 하지만 쿠레타케 붓펜처럼 모(毛)로 된 붓펜은 충분한 연습 없이 쉽게 쓸 수 없죠. 붓펜으로 글씨를 잘 쓰고 싶다면 꾸준히 연습하셔야 합니다. 처음에는 '쿠레타케 붓펜'처럼 붓모에 탄력이 있는 붓펜으로 연습을 하다가 익숙해지면 '펜텔'처럼 낭창낭창한 붓펜으로도 연습하시면 좋습니다.

뭐든 단시간 내에 이뤄지는 건 없지만 붓펜과 글씨는 정말 꾸준히 연습해야 합니다. 예를 들어 한 달을 열심히 연습하고 한 달을 쉬었다면 실력은 원점으로 되돌아갑니다. 원점으로 돌아가는 시간은 짧지만 원래 실력으로 되돌리려면 두 배 이상의 시간을 들여야 해요. 그러니 단 1분이라도 쓰세요. 붓펜과 자주 놀며 친해져야 합니다.

어쩌면 '연습하세요'라는 말이 성의 없이 들릴 수도 있어요. 굉장히 진부한 말이고 '그런 말은 나도 해'라고 할 수도 있지요. 그럼에도 제가 드릴 말씀은 '꾸준히 연습하며 붓펜에 익숙해지세요'라는 것밖에 없어요.

누구에게나 처음은 어려워요. 우리가 처음부터 잘 걸었을까요? 처음 걷기 시작할 때의 나는 무척 힘들었을 거예요. 하지만 지금 어때요? 특별히 노력하지 않아도 잘 걸을 수 있잖아요. 우리가 매일 걷기 때문입니다. 이처럼 가장 중요한 건 꾸준한 연습입니다. 연습과 꾸준함을 가진다면 그 누구도 무시 못 할 최고의 무기를 갖는 거예요. 전 단지 팁을 알려드릴 수 있을 뿐 연습은 나 자신 외에 누구도 대신할 수 없어요.

붓을 먼저 다뤄보시는 것도 추천드립니다. 붓을 먼저 익히면 붓펜은 저절로 잘 쓰게 되지만 붓펜을 잘 써도 붓을 잘 쓰긴 어렵기 때문이에요. 가끔 수강생 분들께도 붓을 추천드리지만 붓에 대한 두려움이 있으신 것 같아요. 붓은 두려운 상대가 아닙니다. 처음엔 어렵겠지만 익숙해지면 오히려 붓펜보다 표현이 자유로워서 매력을 느낄 수 있답니다.

붓펜이 어렵다면 오늘부터 당장 연습을 시작하세요. 그리고 꾸준히 오래 지속해보세요. 분명 잘 써지는 순간이 곧 올 거라고 믿어요.

6주

단문 연습

1. 짧은 단문 쓰기
2. 긴 단문 쓰기
3. 유명 글귀 쓰기
4. 명언 쓰기

강약 연습까지 끝났다면 이젠 드디어 문장을 연습하게 됩니다. '시작하기 전에' 파트에서 언급했던 전서체를 활용해 '我想你'를 연습하고 5주차와 같이 문장에 어울리는 글씨체로 연습합니다. 먼저 짧은 단문을 연습한 뒤 조금 긴 단문을 연습합니다. 같은 단문을 다른 글씨체로 썼을 때 느낌이 어떻게 달라지는지 살펴보면 좋겠습니다.

단문 연습에서는 짧은 단문, 조금 긴 단문. 유명 글귀, 명언 총 네개의 단문을 연습합니다. 연습해 볼 단문은 다음과 같습니다.

1. 我想你	보고싶어	
2. 有你们我很幸福	당신들이 있어 행복합니다.	
3. 凡是过去皆为序章	과거는 프롤로그다.	
	<템페스트> 중	
4. 幸福与否取决于自己	행복은 자신에게 달려있다.	
	아리스토텔레스	

그럼 6주차 시작해 볼까요?

1. 짧은 단문 쓰기

'我想你' 의 '想'은 전서체로 썼습니다. '시작하기 전에' 파트에서 전서체에 대해 설명을 드렸기에 전서체에 대한 설명은 따로 하지 않고 전서체를 찾는 방법을 설명드릴게요.

모르는 한자가 생기면 한자 자전을 찾듯 서예 자전이 있습니다. 서예 자전은 큰 자전과 휴대용 자전이 있습니다. 서예 자전에는 해서체부터 초서까지 다양한 글씨체들이 있어 용도에 맞게 골라쓸 수 있습니다. 서예 자전에는 전서체가 아닌 소전이나 설문해자 등으로 쓰여있습니다.
빨간 네모 박스에 있는 글자들이 전서의 다양한 예시입니다.

'书法字典大全' 앱을 활용하면 좀 더 간편하게 전서체를 찾을 수 있습니다.

따라쓰기 　 1. 我想你

2. 긴 단문 쓰기

긴 단문 연습에서는 '幸福'를 아래로 내려 쓴 배열과 옆으로 쓴 배열 두 가지 방식으로 연습하게 됩니다.

'幸福'를 강조하여 크게 썼고 '有'와 '我'를 두 번째로 강조하여 크게 썼습니다. 강조점은 사람마다 다르니 제가 제시한 예문 외에도 다양하게 써보면 좋겠습니다.

글씨체는 흘림체로 썼습니다.

따라쓰기 **2.** 有你们我很幸福

幸福를 아래에서 강조하며 연습해보세요

따라쓰기 2. 有你们我很幸福

일렬로 연습해보세요.

有你们我很幸福

有你们我很幸福

有你们我很幸福

3. 유명 글귀 쓰기

6주차의 유명 글귀는 셰익스피어의 희곡 <The Tempest(템페스트)>에 나오는 글귀 중 하나입니다.

과거에 해당하는 '过去'와 프롤로그인 '序章'을 강조하여 썼으며 단호한 느낌을 담기 위해 강한체로 썼습니다.

따라 쓰기를 다 한 후 본인이 느낀대로 다른 글씨체로도 연습해보면 좋겠습니다.

따라쓰기   **3.** 凡是过去皆为序章

강한체를 활용하여 연습해보세요

4. 명언 쓰기

아리스토텔레스의 명언입니다.

행복의 기준은 저마다 다릅니다. 그래서 내 눈엔 불행해 보이지만 그 사람은 그 사람이 정해둔 기준에서 행복할 수 있는 것이죠. 결국 행복은 우리 자신에게 달려있다고 생각됩니다.

'幸福与否'와 '自己'를 강조해서 크게 썼습니다. 연습이 끝난 후엔 각자가 느낀대로 강조점을 찾고 다른 글씨체로도 써보기 바랍니다.

따라쓰기 4. 幸福与否取决于自己

강약 연습을 생각하며 연습해보세요

처음만나는중국어캘리그라피 185

이제 단문 연습이 끝났습니다. 네 가지 형태의 글귀로 단문 연습을 해봤는데 어떠셨나요? 짧은 단문이라서 2주차 획 연습과 4주차 강약 연습을 잘 하셨다면 어렵지 않으셨으리라 생각됩니다. 제일 중요한 건 혼자서 써보시는 것이니 따라 쓰기를 하신 후엔 꼭 혼자 써보시기 바랍니다.

그럼 이제 마지막으로 7주차 장문 연습을 해볼까요?

궁금해요 엘리쌤!

서예와 중국어캘리그라피의 차이는 뭔가요?

서예와 중국어캘리그라피의 가장 큰 차이점은 글씨에 감정을 넣는 여부라고 생각됩니다. 서예는 글씨에 감정을 담아 쓰지 않아요. 옛부터 내려오는 글씨체들을 연습하고 시나 글귀를 고른 뒤 하나의 글씨체를 선정해 씁니다. 글귀나 시구가 가진 감정에 치중하는 것이 아닌 글씨체에 치중하여 쓰게 되는 거죠. 하지만 중국어캘리그라피는 글씨체보단 감정에 치중하게 됩니다. 시구나 글귀가 가진 느낌을 충분히 전달할 수 있는 글씨체를 선정해서 쓰니까요.

중국어캘리그라피는 서예처럼 네모 안에 맞춰 쓰지도 않고 글자와 글자의 크기나 간격을 딱 맞춰 쓰지도 않습니다. '시작하기 전에' 파트에서 설명드렸듯 중국어캘리그라피는 아래나 위, 가운데 중심을 맞춰서 쓰기도 하고 좀 더 리듬감 있게 씁니다. 간체자 교본을 연습해보신 분이라면 아시겠지만 네모칸 안에 글자를 맞춰서 쓰도록 되어있습니다. 이것은 중국어캘리그라피와 맞지 않습니다. 따라서 제가 중국어캘리그라피 따라 쓰기를 만들어 매달 발간하는 <월간 엘리>는 칸을 만들지 않고 자유롭게 배치하고 있습니다.

똑같이 붓이나 붓펜을 사용하지만 분명한 차별점이 있습니다. 하지만 서예와 중국어캘리그라피는 떼려야 뗄 수 없는 사이입니다. 앞서 말씀드렸듯 한자 서체를 응용해 중국어캘리그라피 서체를 만들었고, 전서체처럼 한자의 서체를 활용해 중국어캘리그라피를 더 풍부하게 만들 수 있기 때문입니다. 따라서 중국어캘리그라피와 서예는 적절히 조화시키면 더욱 시너지가 나는 공생 관계라고 할 수 있습니다.

7주 장문 연습

1. 명언 쓰기

2. 속담 쓰기

3. 이솝 우화 쓰기

4. 〈어린 왕자〉 쓰기

7주차에는 명언, 속담, 일상 문장, <어린 왕자> 속 글귀 이렇게 네 가지 형태의 장문을 연습하게 됩니다. 6주차와 같이 문장에 어울리는 글씨체로 연습하며 10자 이상의 문장들을 추렸습니다. 7주차에서 연습할 문장은 다음과 같습니다.

1. 世界上最没用的人是不懂感恩的人。
   세상에서 가장 쓸모 없는 사람은
   감사할 줄 모르는 사람이다.
   아리스토텔레스

2. 一年之计在于春一天之计在于晨。
   1년의 계획은 봄에 있고
   하루의 계획은 새벽에 있다.

3. 愿所有的期待都能随心随意。
   당신이 원하는 모든 바를 이루시기 바랍니다.

4. 这些星星真美丽啊因为有一朵看不见的花。
   별들이 아름다운 이유는
   눈에 보이지 않는 꽃이 있기 때문이야.
   <어린 왕자> 중

이제 7주차 장문 연습 시작해볼까요?

1. 명언 쓰기

이 문장에서는 '最沒用的人'과 '不懂感恩的人'을 강조해서 썼습니다. 글씨체는 강한체의 느낌을 담은 손글씨체로 썼습니다. 글귀의 내용이 단호하기 때문에 강한체가 잘 어울리지만 완전한 강한체로 쓴다면 너무 무거워 보일 수 있어요. 강한 느낌을 가볍게 쓰고 싶다면 강한체의 느낌을 담은 손글씨체로 쓰면 좋습니다.

손글씨체는 붓을 툭툭 던지듯 쓰시면 됩니다. 역입에 신경쓰지 않고 쓸 수 있는 글씨체기 때문에 역입이 어려우셨던 분들도 쉽게 쓸 수 있습니다.

그럼 따라 쓰기를 하며 글씨체를 익혀볼까요?

따라쓰기 1. 世界上最没用的人
是不懂感恩的人

2. 속담 쓰기

이 문장은 대구가 되는 글자로 이루어졌기 때문에 글씨를 쓸 때도 대구를 활용해 쓰는 것이 좋습니다. 여기서는 대구를 이루는 '春' '晨'을 강조해서 크게 썼습니다.

문장 속에 '一'가 들어가는 문장을 쓸 땐 유의해야 합니다. '一'는 획이 없는 글자입니다. 옆에 획이 많은 글자가 올 때 '一'를 가늘게 쓰면 빈 공간들이 많이 남기 때문에 최대한 굵게 써주는 것이 좋습니다. 꼭 '一'에만 해당되는 것이 아닙니다. 획이 없는 글자와 획이 많은 글자가 나란히 놓일 경우 획이 없는 글자는 굵게 써주는 것이 좋습니다.

글씨체는 강한체와 흘림체를 섞어서 썼습니다.

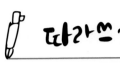 따라쓰기 **2.** 一年之计在于春
一天之计在于晨

흐림체와 강한체를 기억하며 연습해보세요.

처음만나는중국어캘리그라피   197

3. 일상 문장 쓰기

이 글귀는 신년 인사로 쓸 수 있는 글귀입니다. 흔히 쓰는 '新年快樂'보다 좀 더 풍성한 메세지를 담고 있기 때문에 저 역시 자주 씁니다.

'期待'를 강조해서 썼으나 글귀 안의 내용이 모두 드러나게끔 두드러지게 강조하진 않았습니다.

글씨는 흘림체로 썼습니다. 흘림체는 단계별로 흘릴 수 있는데요. 많이 흘려서 유려함을 풍부하게 표현할 수도 있고 조금만 흘려서 흘림의 느낌만 줄 수도 있습니다. 그때 그때 글귀에 따라 변경이 가능합니다. 이 경우에는 모든 소원이 빨리 이루어지길 바라는 마음을 담아 아주 빠른 속도의 흘림체로 썼습니다.

두 가지 크기로 따라 쓰기하게 됩니다. 처음엔 크게 연습하셨다가 글씨가 익숙해지면 작게도 연습해 보시기 바랍니다.

따라쓰기   3. 愿所有的期待
都能随心随意

작게 글씨를 쓰는 것에 익숙해져 보세요.

愿所有的期待
都能
随心随意

愿所有的期待
都能
随心随意

처음만나는중국어캘리그라피   199

4. 어린 왕자 쓰기

이 문장은 <어린 왕자>에 나오는 문장 중 하나로 유명한 글귀라 익숙할 것 같습니다.

글씨체는 명언 쓰기처럼 강한체를 응용한 손글씨체로 썼으며 '星星'이 나란히 겹쳐서 하나는 윗 부분에 별을 그려줬습니다. 글자에 간단한 조형을 넣어 생동감 있게 쓸 수 있으나 자칫 잘못하면 글씨보다 조형이 두드러질 수 있으니 주의하기 바랍니다.

'一朵' 부분은 '一'가 획이 없기 때문에 공간이 빌 수 있습니다. 그래서 '朵'의 가로획을 좀 더 길게 써서 '一' 부분의 아래쪽 공간을 채워줬습니다.

'花'를 강조해서 크게 썼으며 '艹'를 '艸'로 바꿔 썼습니다. '艸'는 전서체이며 한 군데 정도 전서체를 응용한다면 좀 더 생동감있는 글씨를 쓰실 수 있습니다. 그리고 마지막에는 간단히 꽃을 그려 넣었습니다.

그럼 이제 따라 쓰기를 해보며 손에 익혀볼까요?

따라쓰기 **4.** 这些星星真美丽啊
因为有一朵看不见的花

这些星星
真美丽啊
因为有一朵
看不见的
花

这些星星
真美丽啊
因为有一朵
看不见的
花

이제 7주차 장문 연습까지 끝났습니다. 단문보다는 조금 더 어려웠을 것으로 생각됩니다. 문장이 길어지면 구도 맞추기가 어렵거든요. 하지만 열심히 연습하신다면 나만의 중국어캘리그라피 빅데이터가 생길 것입니다. '이런 경우엔 이렇게 쓰니 잘 맞더라' 라는 것들 말이죠. 그러니 꾸준히 연습하는 수밖에 없습니다. 저 또한 그렇고요.

8주차는 지금까지 배웠던 것을 활용해 나만의 소품을 만들어 보는 것이기 때문에 실질적인 글씨 연습은 7주차까지입니다. 저는 조금 더 쉽게 쓰실 수 있도록 팁을 드리는 것뿐 연습을 대신 해드릴 수는 없기 때문에 꾸준히 혼자서 연습하셔야 합니다. 이 책을 전부 다 했다고 해서 중국어캘리그라피가 완성된 것이 아니예요. 글씨는 완성이 없다고 생각합니다. 계속 그 실력을 유지하도록 연습하는 것뿐이죠. 연습을 안 한다면 다시 원점으로 돌아가고 다시 원래의 실력으로 돌아오려면 훨씬 더 많은 시간을 소요해야 한다는 것을 꼭 기억하시기 바랍니다.

모두 수고하셨습니다.

중국어캘리그라피만으로 먹고 살 수 있나요?

결론부터 말하자면 중국어캘리그라피만으로 먹고 살긴 힘듭니다. 너무 극단적이라 놀라셨을까요? 지금은 한국 내에 중국어캘리그라피 시장이 좁기 때문에 드린 말씀입니다.

하지만 요즘 어떤 시대인가요? 글로벌 시대예요. 집 안에 앉아서 해외에 상품을 파는 시대입니다. 중국어캘리그라피 역시 그래요. 마음만 먹으면 내가 만든 중국어캘리그라피 소품을 중국 내 쇼핑몰에서 판매할 수 있어요. 그리고 중국 SNS를 활용하면 얼마든지 중국 내에 중국어캘리그라피 노출이 가능합니다. 중국어캘리그라피를 수익화할 수 있는 길은 나 하기 나름이지요.

아직은 적지만 한국 내에서도 중국어캘리그라피의 수요가 있습니다. 직접 진행하진 못했지만 중국 쪽에 런칭하는 상품 홍보 영상에 들어가는 중국어캘리그라피 의뢰나 중국어캘리그라피 쓰는 손 대역 의뢰가 들어오기도 했거든요. 그리고 당분간은 코로나로 힘들겠지만 코로나 이전에는 중국인들을 대상으로 중국어캘리그라피를 써주는 행사도 의뢰가 왔었어요. 그리고 중국어도 한자로 이루어져 있기 때문에 한자로 이루어진 출판사 로고나 중국으로 들어가는 화장품 로고 의뢰를 받은 적도 있고요.

저는 현재 주로 수업과 책으로 수익화합니다. 중국 내에 판매도 고려했었지만 중국어캘리그라피를 많이 알릴 수 있는 방법은 수업이라고 생각해서 수업에 더 집중하기로 했어요. 특히 학교 특강이나 교사 연수 등을 많이 진행했어요. 개인적으로는 원데이 클래스, 정규 클래스, 온라인 클래스, 인터넷 클래스 등으로 꾸준히 다양한 수강생들을 만나고 있는 중이에요. 온라인 클래스를 진행하면서는 외국에 계시는 분이나 지방에 있는 분들도 만날 수 있어 참 좋은 것 같아요. 수업을 듣지 못하는 사람들에게 다가가기 위해서는 책을 쓰기 시작했어요. 단 한 분이라도 중국어캘리그라피를 필요로 하는 분이 있으면 좋겠다라는 생각으로 썼는데 생각보다 많은 분들이 찾아주셨어요. 지금도 꾸준히 찾아주시고요. 중국어캘리그라피가 제 책으로 인해 조금 더 많은 분들께 닿길 바라는 마음이에요.

글씨라는 건 단숨에 배워서 되는 것이 아닌 일정 시간이 지나 글씨에 익숙해지고 연습하는 과정을 거쳐 이루어져요. 돈, 중요하죠. 그러나 단순히 돈벌이만으로 취급하고 싶지 않거든요. 제대로 된 중국어캘리그라피를 위해 노력하고 싶어요. 단순히 돈벌이용으로 생각하고 중국어캘리그라피에 뛰어들었다면 벌써 포기했겠죠. 꾸준히 노력한다면 중국어캘리그라피만으로 먹고 살 수 있는 날이 오지 않을까요? 그 힘을 믿고 천천히 중국어캘리그라피 확장을 위해 오늘도 노력하는 중입니다.

저와 함께 중국어캘리그라피 하실래요?

8주 소품 만들기

7주차까지 익혔던 것을 활용해 나만의 소품을 만들 수 있습니다. 간단한 엽서부터 공예를 접목한 소품들까지 글씨의 적용 영역은 무한해요. 중국어캘리그라피 초급 과정에서는 아래와 같은 20x20cm 종이 판넬로 인테리어 소품을 만들고 있어요.

이 외 다양한 소품들을 만들 수 있어요. 간단하게는 엽서나 무지 종이컵에 글씨를 써서 소품으로 활용할 수 있고, 더 나아가서는 공예와 접목해 독특한 소품을 만들 수 있습니다.

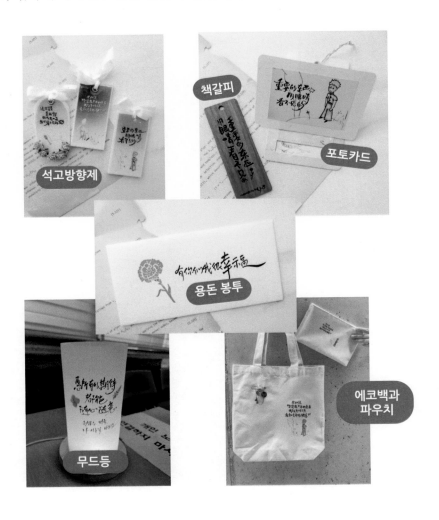

소품을 만드는 것 외에 이미지로 만들어 배경화면이나 폰 케이스 등 인쇄 굿즈를 만들 수도 있어요.

폰케이스

디지털 이미지

여기선 만드는 방법을 알려드리진 않습니다. 또한 위에서 소개해드린 소품들은 극히 일부이며 이 외에 다양한 소품들은 제 SNS에서 보실 수 있습니다. 인터넷 검색창에 '캘리그라피 소품'이라고 검색하셔도 다양한 것들을 보실 수 있을 거예요.

열심히 연습한 나만의 중국어캘리그라피로 소품을 만들어 지인들에게 선물하거나 내 방, 사무실 등을 꾸며보시는 건 어떨까요?

에필로그

처음 만나본 중국어캘리그라피 어떠셨나요?

8주 동안 함께한 중국어캘리그라피가 끝났습니다. 어떠셨나요? 여전히 생소하고 어렵게만 느껴지시나요? 아니면 조금 가깝게 느껴지시나요? 어쩌면 어렵게 느껴지셨을지도 모르겠네요. 단순히 글씨를 쓴다는 것과 규칙에 맞춰서 쓴다는 것은 다른 일이거든요. 조금만 신경쓰지 않으면 원래 쓰던 습관이 나오기 때문에 온 신경을 집중해서 써야됩니다.

다시 한 번 강조하지만 따라 쓰기만 한다고 글씨가 늘진 않습니다. 그러니 따라 쓰기에서 그치지 말고 꼭 혼자 써 보는 연습을 해보세요. 처음에는 힘들겠지만 조금씩 조금씩 시간이 쌓이면서 멋진 결과물을 보실 수 있을 거예요.

중국 원서를 보면서 좋은 글들을 따라 써도 좋지만 아무래도 원서를 보는 시간이 오래 걸리기 때문에 드라마나 영화를 추천해요. 중국 드라마는 호흡이 꽤 깁니다. 한국에서 미니시리즈 같은 드라마도 40회 정도 분량이 되거든요. 빠른 시간 내에 좋은 글귀를 써보고 싶다면 중국 영화를 보시면 돼요. 그 외 한국 책들을 읽다가 좋은 글귀를 발견하면 중국어로 번역을 해서 써봐도 좋고 명언이나 속담 등을 활용해도 좋아요. 이 책에 실려있는 <어린 왕자>처럼 한국어

판과 중국어판이 함께 있는 책들을 보며 마음에 와닿은 글귀를 써 보는 것도 추천드립니다. 그 밖에 중국 SNS를 활용하는 것도 좋은 방법이에요. 좋은 글귀들을 찾는 방법은 얼마든지 있으니 다양하게 활용해 보시면 좋겠어요. 주의할 점은 꼭 출처를 같이 적어주셔야 하는 거예요. 혼자 간직하는 건 상관없지만 요새 저작권이 엄격해 져서 출처 없이 SNS에 올리면 안 좋은 일이 생길 수도 있거든요.

이렇게 모은 글귀들은 한 곳에 모아 글귀 통장을 만드세요. '프롤로 그'에서도 말씀드렸지만 언제든 꺼내볼 수 있는 든든한 나만의 좋 은 글귀 통장을 만드는 게 좋아요. 그리고 꾸준히 쓰세요. 좋은 글 씨를 쓰는 방법은 꾸준히, 열심히 연습하는 방법밖에 없어요. 저 역 시 그렇게 하면서 발전하려고 노력하고 있고요. 본 책은 초급 수준 에 해당하는 내용이기 때문에 더 다양한 방법을 알려드리지는 않지 만 기본기를 탄탄히 하면 혼자서도 충분히 해내시리라 의심치 않습 니다.

마지막으로 제 작은 소망은 이 책을 통해 중국어캘리그라피가 조금 이라도 덜 낯설게 느껴지는 거예요. '중국어'라는 단어에 얽매여 어 렵게 느끼는 분이 많은 것 같아요. 하지만 글씨를 쓴다는 건 똑같잖 아요. 그러니 미리 겁 먹고 도망치지 않으셨으면 좋겠습니다.

중국어캘리그라피를 쓰다 막히는 부분이 있거나 궁금한 점이 생긴다면 메일이나 SNS를 통해 언제든 연락주세요.

붓펜 한 자루와 종이만 있으면 언제 어디서든 중국어캘리그라피를 쓸 수 있어요. 너무 매력적이지 않나요? 여러분들도 이 재미를 느끼실 수 있길 바랍니다. 끝까지 잘 따라와주셔서 감사합니다